서울대 행복연구센터의 행복 리포트

대한민국 행복 지도 2023

서울대학교 행복연구센터 지음

21세기북스

경제 불황과 행복의 위기

2022년은 이중고(二重苦), 삼중고(三重苦)를 넘어 다중고(多重苦)의 한 해였다. 코로나19 3년 차에 접어들면서 일일 확진자 수가 폭발적으로 증가했고, 러시아-우크라이나 전쟁으로 인한 국제 정세 불안과 그로 인해 촉발된 글로벌 경제 불황은 아직까지도 회복의 기미를 보이지 않고 있다.

주식시장과 가상화폐 시장의 급락, 대출 금리 인상으로 인한 이자 부담 증가, 고용 불안 등으로 인해 서민들의 경제 사정은 급속도로 나빠졌다. 소비자물가는 1998년 IMF 사태 이후 최고 상승률을 기록했다(5.1%, IMF 당시 7.5%). 이태원 참사는 전 국민을 큰 비통에 빠트리기도 했다. 새로운 정부가 출범했고, 허준이 교수 필즈상 수상과 카타르 월드컵 16강 진출 등 기쁜 일도 간혹 있었지만, 콜린스 사전 출판사가 2022년의 올해의 단어로 선정한 'perma-crisis(퍼머크라이시스)'의 뜻처럼 위기가 만성화된 해였다고 할 수 있다.

이 여파는 대한민국 국민들의 안녕에도 그대로 영향을 미쳤다. 서울대 행복연구센터와 카카오같이가치가 함께 수집한 대한민국 안녕지수 분석 결과, 2022년의 행복은 2021년보다 하락하여 코로나 첫해인 2020년 수준으로 회귀했다. 또한 지난 5년 동안의 측정에서 발견되지 않은 몇 가지 특이한 현상들이 발견되는 등 전체적으로 행복이 매우 낮은 수준을 나타냈다.

- 스트레스 폭증: 스트레스 척도에서 만점을 보고한 비율이 11.44%로 지난 5년 중 최고를 기록
- 어린이날의 실종: 일 년 중 가장 행복한 날 Top 5의 단골이었던 어린이날이 2022년에는 191위로 하락

- 잔인한 6월: 2021년 6월은 그해 두 번째로 행복한 달(5월이 1등)이었지만 2022년 6월은 가장 불행한 달. 미국 금리가 75bp 상승하여 코스피가 급락하는 등 국내 경제가 급속도로 안 좋아진 달
- 6월 주말의 실종: 주중보다 주말의 행복이 높은 패턴이 2022년 6월에는 사라짐
- 40대의 위기: 보통의 경우 40대가 20~30대보다 평균 행복이 높지만, 경제 위기가 심해진 2022년 여름 무렵에는 40대의 행복이 20~30대보다 더 하락

결론적으로 2022년 대한민국의 안녕 상태는 코로나로부터는 디커플링(탈동조화, decoupling)되었지만, 경제 상황과 강하게 연동되면서 매우 좋지 않은 모습을 보였다.

『대한민국 행복지도 2023』의 Part 1에는 2022년 한 해 동안의 대한민국 사람들의 365일의 행복 궤적, 성별, 연령별, 그리고 지역별 차이들에 대한 분석이 담겨 있다. 가장 행복했던 날 Best 5와 가장 행복하지 않았던 날 Worst 5도 담고 있다.

Part 2에는 자신의 행복을 100일 동안 기록한 사람들에 대한 심층 분석이 제시되어 있다. 체중을 매일 기록하는 행위만으로도 다이어트 성공 확률이 높아지는 것처럼 자신의 행복을 매일 측정해보는 것만으로도 행복이 상승하는 흥미 있는 결과를 보고하고 있다.

Part 3에는 대한민국 사람들의 행복에 중요한 통찰을 제공하는 다양한 분석들이 제시되어 있다.

- 그릿(Grit)은 행복에 어떤 도움이 될까?
- 행복에 도움이 되는 소비는 따로 있을까?
- 우연(serendipity)을 자주 경험할수록 행복할까?
- 행복한 사람들은 일상에서 어떤 활동들을 많이 할까?
- 경쟁심은 행복에 나쁘기만 한가?
- 나르시시즘은 왜 행복에 해로울까?
- 부자와 가난한 사람 중 누가 더 공감(empathy)을 잘할까?
- 가족은 행복의 요새인가?

기존 행복 조사   서울대×카카오같이가치 행복 조사

1회적으로 행복을 측정한다

일회성으로 행복을 측정할 경우,
'누가' 행복한지는 알 수 있어도
'언제' 행복한지는 알 수 없다.

1
365일 24시간 행복을 측정한다

안녕지수 측정은 365일 24시간 내내
온라인상에서 이뤄지기 때문에
기존 조사의 한계를 극복할 수 있다.

1,000명의 행복 데이터

유엔의 행복 조사에는 각국에서 15세 이상
약 1,000명이 참가한다. 이를 연령별
(20, 30, 40, 50, 60대 이상)로 나눈다면
각 연령별 응답자가 200명인 셈이고,
이를 다시 남녀로 구분하면 연령별·성별
응답자는 각각 100명밖에 되지 않는다.

2
118만 건의 행복 데이터

2022년 한 해 동안만 총 89만 4,751명이
안녕지수 조사에 참여했으며, 한 사람이 1회
이상 응답할 수 있었기 때문에
응답건수 기준으로는 총 118만 3,171건의
행복 데이터가 수집됐다.

3
개개인의 심리적 특성을 고려한 분석

안녕지수는 각 개인의 심리적 특성들을
함께 조사함으로써 개인의 심리적 특성이
행복감에 주는 영향도 분석했다.

4
행복에 관한 '특별한 질문'에 답을 찾다

안녕지수를 통해 경제 지표와
정치 사회 여론조사만으로는 결코
알 수 없었던 '행복'에 관한 대한민국의
진짜 마음 지표를 그릴 수 있게 됐다.

대국민 행복 측정 프로젝트

서울대학교 행복연구센터 × 카카오같이가치

안녕지수 프로젝트 소개

2008년 2월, 당시 프랑스 대통령이었던 사르코지는 3명의 경제학자에게 특명을 내린다. 2001년 노벨 경제학상 수상자인 미국 컬럼비아대학의 조지프 스티글리츠(Joseph Stiglitz) 교수, 1998년 노벨 경제학상 수상자인 미국 하버드대학의 아마르티아 센(Amartya Sen) 교수, 그리고 자국 파리정치대학의 장 폴 피투시(Jean Paul Fitoussi) 교수에게 다음의 질문들에 답을 찾는 미션을 부여한 것이다.

- 사회가 번영하고 있는지를 판단할 수 있는 최적의 통계치는 무엇일까?
- GDP만으로 사회의 번영을 측정할 수 있을까?
- GDP를 보완할 수 있는 새로운 측정치로는 무엇이 좋을까?

스티글리츠, 센, 피투시 교수가 주축이 된 '경제 성과와 사회적 진보 측정 위원회(이하 사르코지위원회)'가 내놓은 답은 다음과 같다.

첫째, 생산에서 웰빙으로 관심을 옮겨야 한다.
둘째, GDP만으로는 번영의 참된 모습을 측정할 수 없다.
셋째, 국민의 주관적 행복을 측정해야 한다.

생산에서 웰빙으로! 국가 정책 기조의 근본적인 전환을 촉구한 것이다. 사르코지위원회는 가장 중요한 첫걸음으로 국민들의 주관적 행복을 측정할 것을 권고했다.

인류는 지금까지 인류에게 중요하다고 생각하는 것들을 측정해왔다. 먹고사는 문제가 중요하기 때문에 우리는 생산과 소비, 고용과 분배에 관한 것들을 측정했다. 또한 인간의 지적 능력이 중요하다고 생각했기 때문에 IQ라는 개념을 만들고 측정했다. 건강도 예외가 아니다. 콜레스테롤지수, 간기능지수, 체질량지수 등은 이미 우리의 일상적인 용어가 된 지 오래다. 이렇게 만들어진 경제지수, IQ, 그리고 건강지수는 날이 갈수록 더 중요해지고 있다.

무언가를 측정한다는 것은 우리 사회가 그것을 중요하게 생각하고 있음을 의미한다. 동시에 앞으로 더 중요하게 간주하겠다는 의지의 표현이기도 하다. 서울대학교 행복연구센터와 카카오같이가치가 측정하고 있는 '안녕지수'는 이 2가지 의미에 잘 부합한다.

객관적인 삶의 조건도 중요하지만, 그런 삶의 조건에 반응하는 우리의 마음도 중요하다. 이는 객관적인 경제 상황만큼 소비자가 실제 느끼는 '체감 경기'가 중요하고, 물리적인 온도만큼 '체감 온도'가 중요한 것과도 같다. 그동안 우리는 객관적인 삶의 여건들만을 집중적으로 측정해왔다. 이제는 우리의 마음을, 우리의 행복을 '안녕지수'라는 이름으로 측정하고자 한다.

대한민국 매일매일의 안녕을 측정하다

유엔의 「세계행복보고서」를 비롯한 기존의 행복 측정치들은 중요한 한계점을 지니고 있다. 바로 '실시간으로 안녕을 측정하지 못하고 있다'는 점이다. 유엔 세계 행복지수는 1년에 단 한 번 측정한다. 그러다 보니 매일매일의 삶에 반응하는 우리 마음의 변화를 민감하게 알아낼 수가 없다. 뿐만 아니라 조사에 동원되는 사람들의 수도 많지 않다. 유엔 행복 조사는 각 나라에서 15세 이상 성인 1,000여 명만을 대상으로 진행한다.

이런 한계를 극복하기 위해서는 다수의 사람이 실시간으로 자신의 안녕을 보고할 수 있는 플랫폼이 필요하다.

이에 서울대학교 행복연구센터는 카카오같이가치팀과 뜻을 모아 2017년 9월부터 지금까지 한국인들의 행복을 실시간으로 측정해오고 있다. 서울대학교 행복연구센터가 개발한 '안녕지수' 측정치는 카카오같이가치 마음날씨 플랫폼(together.kakao.com/hello)에 탑재되어 있어서 이용자들이 원할 때 언제든지 자유롭게 참여할 수 있다. 뿐만 아니라 행복과 관련된 다양한 심리 검사들을 무료로 제공하고 있다.

2022년 12월 31일까지 5년 4개월여간 600만 명 이상의 한국인들이 한 번 이상 안녕지수 테스트에 참여했고, 누적 건수로는 약 1,100만 건 이상의 데이터가 축적됐다. 한국에서뿐만 아니라 전 세계적으로도 이와 같이 방대한 규모의 데이터는 찾아보기 힘들다. 우리는 이 방대한 자료를 분석해 한국인들의 행복을 체계적으로 분석하고자 한다.

세계 최초, 최대 규모의 '대국민 실시간 행복 연구'
안녕지수의 특별함은 단순히 응답자가 많다는 데 있지 않다. 안녕지수는 카카오같이가치 마음날씨의 온라인 플랫폼을 활용하고 있기 때문에 사람들이 원하는 시간과 장소에서, 하루에도 몇 번이고 자신의 마음 상태를 실시간으로 자유롭게 측정할 수 있다는 강점이 있다.

실제 카카오같이가치 마음날씨 화면 ➡

2002년 노벨 경제학상을 받은 심리학자 대니얼 카너먼(Daniel Kahneman)은 우리 안에 서로 다른 자아들, 즉 '기억하는 자아(remembering self)'와 '경험하는 자아(experiencing self)'가 존재한다고 이야기한다. 사람들은 자신이 기억하는 나와 실제 행동하는 내가 같은 모습이라고 믿지만, 실제로 이 둘 간에는 상당한 괴리가 존재한다. 행복 역시 과거 '기억'에 의존된 행복과 실제 '경험'되는 행복은 다르다.

안녕지수는 "당신은 지금 얼마나 행복합니까?"라고 묻는다. 안녕지수는 사람들의 '지금 이 순간'에 관심을 가지고 있다. 전반적인, 평균적인 행복이 아니라 '지금 이 순간'에 느끼고 있는 만족감, 의미, 스트레스를 측정하는 것을 목표로 한다.

안녕지수가 우리에게 가르쳐줄 수 있는 것들

이를 통해 우리는 주가지수처럼 매일매일의 안녕지수를 얻을 수 있다. 또한 우리의 안녕이 중요한 국가적 사건이나 날씨와 같은 외적인 변수들에 의해 어떻게 변하는지도 민감하게 알아낼 수 있다. 지역별, 연령별, 성별, 요일별, 시간대별 안녕의 차이도 알아낼 수 있다. 무엇보다 매년 방대한 데이터가 축적됨으로써 우리 사회의 특징과 변동을 '안녕'이라는 창문을 통해서 들여다볼 수 있다.

안녕이라는 키워드를 이용해 우리나라의 지도를 다시 그려보게 될 것이다. 지역별 행복지도, 연령별 행복지도를 상상해보자. 이런 지도들이 삶의 중요한 대화의 소재가 될수록 우리 사회는 우리의 마음과 안녕에 더 귀 기울이게 될 것이다.

안녕지수 데이터는 시간이 지날수록 더욱더 빛을 발할 것이다. 안녕지수 조사에 지속적으로 참여하는 사람들이 늘어나면서, 한 개인 내부에서 일어나는 심리 상태의 변화를 추적하는 것이 가능해질 것이다.

청소년에서 성인, 성인에서 중년이 되면서 사람들의 행복은 어떻게 달라지는지, 그리고 한국 사회의 변화와 함께 사람들의 행복은 어떠한 모습으로 바뀌는지를 살펴볼 수 있는 귀중한 자료가 돼줄 것이다. 장기적으로 안녕지수에 관한 데이터 구축은 한국 사회와 한국인의 마음을 이해하는 소중한 국가적 유산을 남기는 일이 될 것이다.

Contents

당신은 지금 얼마나 행복한가요?

연령 · 지역 · 날짜 · 성별로 본 대한민국 행복지도

Happiness in 2022

안녕지수 측정 방법

행복을 어떻게
측정할 수 있을까?

서울대학교 행복연구센터는 카카오같이가치팀과 뜻을 모아 2017년 9월부터 지금까지 한국인들의 마음 상태를 측정해오고 있다. 서울대학교 행복연구센터가 개발한 행복 측정치인 '안녕지수'는 카카오같이가치 마음날씨 플랫폼에서 365일 24시간 언제든지 자유롭게 측정해볼 수 있다. 지난 5년 4개월간 약 600만 명 이상의 사람이 한 번 이상 안녕지수 측정에 참여했고, 누적 건수로는 1,100만 건 이상의 데이터가 축적됐다. 그런데 눈에 보이지도 않고 증명할 수도 없는 '행복'이라는 마음을 과연 어떻게 측정했을까? 안녕지수를 사용한 행복 측정 방법을 살펴보자.

행복을 측정하는 방법

행복을 측정하는 가장 확실한 방법은 사람들에게 직접 물어보는 것이다. 개인 소득 같은 객관적인 지표와 타인의 평가에 의해서가 아니라 자신의 주관적 잣대로 스스로의 삶을 평가하는 것이 행복의 핵심이기 때문이다. 그래서 심리학에서는 행복을 주관적 안녕감(subjective well-being)이라고 부르기도 한다.

전통적으로 행복은 크게 쾌락주의적 행복관(hedonism)과 자기실현적 행복관(eudaimonism)으로 정의해왔다. 행복과 즐거움을 추구하는 기존의 쾌락주의적 관점에서 행복을 보다 폭넓게 정의한 것이 주관적 안녕감이다.

주관적 안녕감의 주요 요인은 삶에 대한 만족감과 감정 밸런스이며, 본인의 삶에 대해 만족감이 높고 긍정정서를 자주, 많이 경험하는 반면에 부정정서는 상대적으로 적게 경험할 때 행복 수준이 높다고 정의한다.

이와는 대조적으로 자기실현적 관점에서의 행복은 자신이 가진 잠재성의 충족과 발휘를 뜻하는 자기실현으로 정의된다. 인간은 만족스럽고 즐거운 삶, 그 이상을 추구하는 존재다.

아리스토텔레스는 진정으로 행복한 삶이란 쾌(快)를 넘어 선(善)과 덕(德)이 있는 삶, 즉 의미와 목적이 있는 삶이라고 이야기했다. 자기 성장, 삶의 의미와 목적을 행복의 중요 요소로 보는 심리적 안녕감(psychological well-being) 같은 접근을 자기실현적 행복관이라고 한다.

안녕지수 측정 문항	
1 당신은 지금 당신의 삶에 얼마나 만족합니까?	삶에 대한 만족감
2 당신은 지금 얼마나 의미 있는 삶을 살고 있다고 느낍니까?	인생에서 경험하는 의미
3 당신은 지금 얼마나 스트레스를 받고 있습니까?	스트레스
4 당신은 지금 얼마나 행복합니까?	감정적 경험
5 당신은 지금 지루한 감정을 얼마나 느끼고 있습니까?	감정적 경험
6 당신은 지금 짜증 나는 감정을 얼마나 느끼고 있습니까?	감정적 경험
7 당신은 지금 즐거운 감정을 얼마나 느끼고 있습니까?	감정적 경험
8 당신은 지금 평안한 감정을 얼마나 느끼고 있습니까?	감정적 경험
9 당신은 지금 우울한 감정을 얼마나 느끼고 있습니까?	감정적 경험
10 당신은 지금 불안한 감정을 얼마나 느끼고 있습니까?	감정적 경험

실제 안녕지수 측정 화면 ➡

행복을 측정하는 10가지 질문

서울대학교 행복연구센터는 이와 같은 행복 연구의 전통과 최근 연구의 흐름을 두루 반영해 행복의 다양한 의미를 최대한 담아낸 안녕지수를 만들었다. 안녕지수는 개인의 삶의 만족감, 정서 상태, 삶의 의미와 스트레스를 묻는 총 10개 문항으로 구성되어 있다.

응답자들은 모든 질문에 대해 0부터 10까지의 11점 척도상에서 응답했으며, 이는 유엔 「세계행복보고서」와 OECD의 삶의 만족도 측정에 사용된 척도와 일치한다. 안녕지수 총점은 부정적 심리 경험 점수(스트레스, 지루함, 짜증, 우울, 불안)를 역코딩한 총 10개 항목의 합으로 산출한다. 결과적으로 안녕지수가 높으면 행복감이 높은 것으로 해석한다.

안녕지수 하위 지표

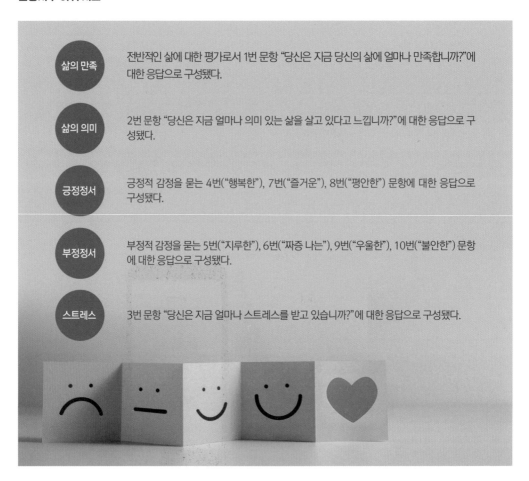

삶의 만족
전반적인 삶에 대한 평가로서 1번 문항 "당신은 지금 당신의 삶에 얼마나 만족합니까?"에 대한 응답으로 구성됐다.

삶의 의미
2번 문항 "당신은 지금 얼마나 의미 있는 삶을 살고 있다고 느낍니까?"에 대한 응답으로 구성됐다.

긍정정서
긍정적 감정을 묻는 4번("행복한"), 7번("즐거운"), 8번("평안한") 문항에 대한 응답으로 구성됐다.

부정정서
부정적 감정을 묻는 5번("지루한"), 6번("짜증 나는"), 9번("우울한"), 10번("불안한") 문항에 대한 응답으로 구성됐다.

스트레스
3번 문항 "당신은 지금 얼마나 스트레스를 받고 있습니까?"에 대한 응답으로 구성됐다.

안녕지수 프로젝트에
참가한 사람들은 누구였을까?

안녕지수 프로젝트의 성별 · 연령별 · 지역별 응답자 분포 정보

전체 응답자 89만 4,751명   응답 건수 118만 3,171건

성별 비율

단위: 명

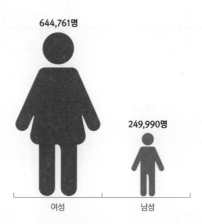

644,761명

249,990명

여성   남성

2022년 한 해 동안 총 89만 4,751명이 안녕지수 조사에 참여했다. 한 사람이 1회 이상 조사에 참여할 수 있었기 때문에 응답 건수로는 118만 3,171건의 응답이 수집되었다. 하루 평균 3,071명이 참여하였고, 3,241건의 응답이 수집되었다.

2022년의 경우, 이전 해와 마찬가지로 여성 응답자(64만 4,761명, 72.06%)의 수가 남성 응답자(24만 9,990명, 27.94%) 수보다 약 2.6배 더 많았다. 비록 남성 응답자가 여성 응답자보다 적었지만, 남성 응답자의 수도 약 25만 명에 달했으므로 남녀 표본 수의 차이가 분석 결과에 지대한 영향을 미칠 가능성은 거의 없다고 볼 수 있다.

연령별 비율

단위: 명

연령대별로 참가자를 살펴보면, 30대 참여자가 25만 8,832명(28.9%)으로 가장 많았다. 20대도 25만 1,738명(28.13%)에 달했다. 20~30대 응답자에 비해 다른 연령, 특히 60대 이상의 참여 비율(3.02%)이 낮아서 표본 대표성에 대한 우려가 있을 수 있으나, 60대 이상도 2만 7,064명이나 참여했으므로 그 어느 행복 조사보다 다양한 연령폭의 응답자들을 충분히 확보했다고 할 수 있다. 특히 유엔 「세계행복보고서」가 각 나라에서 1,000명 내외의 사람들을 대상으로 수집한 결과에 기초하고 있다는 점에서 안녕지수 조사의 표본 대표성에는 큰 무리가 없다고 볼 수 있다.

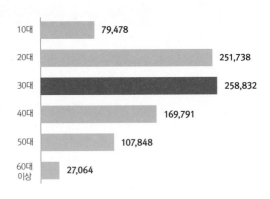

10대	79,478
20대	251,738
30대	258,832
40대	169,791
50대	107,848
60대 이상	27,064

지역별 분포

이전과 마찬가지로 서울과 경기, 인천 등 수도권 지역 사람들이 가장 많이 참여했다(58.58%). 지역별로 응답자 수에 차이가 있으나, 대한민국 전체 인구에서 각 지역 인구가 차지하는 비율을 고려하면(그림 참조) 안녕지수 조사에 참여한 사람들은 전국에 걸쳐 고르게 분포되어 있다고 볼 수 있다.

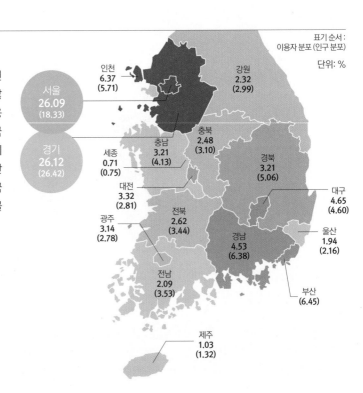

표기 순서 : 이용자 분포 (인구 분포)
단위: %

서울 26.09 (18.33)
경기 26.12 (26.42)
인천 6.37 (5.71)
강원 2.32 (2.99)
충북 2.48 (3.10)
세종 0.71 (0.75)
충남 3.21 (4.13)
경북 3.21 (5.06)
대전 3.32 (2.81)
대구 4.65 (4.60)
전북 2.62 (3.44)
광주 3.14 (2.78)
경남 4.53 (6.38)
울산 1.94 (2.16)
전남 2.09 (3.53)
부산 (6.45)
제주 1.03 (1.32)

응답 횟수별 응답자 수

표기 순서 :
응답 비율 (응답자 수)

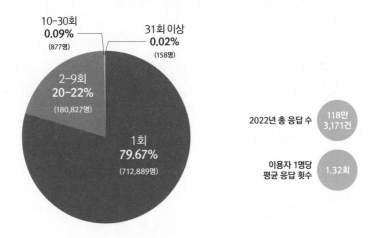

10-30회
0.09%
(877명)

31회 이상
0.02%
(158명)

2-9회
20-22%
(180,827명)

1회
79.67%
(712,889명)

2022년 총 응답 수 118만 3,171건

이용자 1명당 평균 응답 횟수 1.32회

성별×연령별 평균 응답 횟수

단위: 회

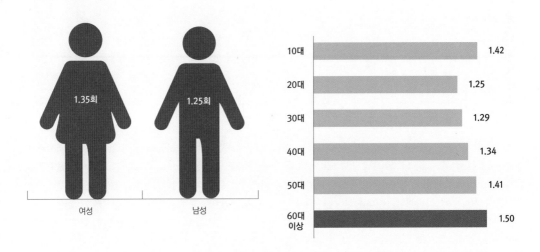

1.35회 (여성)

1.25회 (남성)

10대	1.42
20대	1.25
30대	1.29
40대	1.34
50대	1.41
60대 이상	1.50

전체 이용자의 99.89%는 2022년 한 해 동안 최소 한 번에서 많게는 9회까지 안녕지수에 응답했다. 안녕지수에 10회 이상 응답한 이용자는 전체 중 0.11%로 비율상으로는 적게 느껴지지만 명수로는 1,035명에 달한다. 이용자 1명당 평균 응답 횟수는 1.32회였다. 20대의 평균 응답 건수가 1.25회로 가장 낮았고, 남성보다 여성의 평균 응답 건수가 많았다. 2022년 최다 응답자는 서울특별시 동작구에 거주하는 만 52세 남성으로 1년 동안 무려 221번 안녕지수 조사에 응답했다.

사람들은 언제
안녕지수에 응답했을까?

○
●

안녕지수 프로젝트의 월별 · 요일별 · 시간대별 응답자 분석

월별 응답 빈도

단위: 회

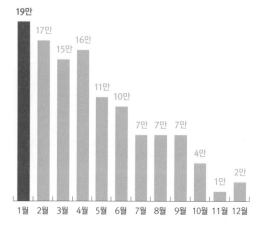

요일별 응답 빈도

단위: 회

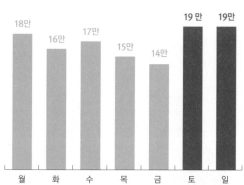

월별 안녕지수 응답 건수를 보면 1월이 19만 1,654회 (16.2%)로 가장 많았고, 11월이 1만 930회(0.92%)로 가장 적었다. 월별 응답 건수에서 차이가 있는 데는 여러 가지 이유가 있지만, 그중에서도 새로운 심리 검사를 탑재해 응답자들의 참여를 유도하는 안내(푸시 알람)를 보냈는지가 중요하게 작동했다. 차이는 있으나 가장 적게 응답한 달도 1만 건을 초과했기 때문에 월별 응답 건수의 차이가 전체 결과에 미치는 영향은 크지 않다. 한편 2022년 10월 15일에 발생한 SK C&C 데이터센터의 화재 사건 이후 응답 건수가 다소 크게 감소한 것을 볼 수 있다. 따라서 월별 행복의 차이를 분석할 때 11월과 12월의 경우는 해석에 주의해야 할 필요가 있다.

요일별 응답 횟수를 보면 토요일에 가장 많은 이용자가 안녕지수에 응답하였고(16.28%), 금요일에 응답률이 가장 낮았다(12.08%). 마찬가지로 요일별로 응답 건수에서 차이는 있지만 각 요일별로 14만에 가까운 숫자의 응답 건수가 수집되었으므로 요일별 안녕지수의 차이를 분석하는 데는 큰 무리가 없을 것으로 보인다.

시간대별 응답 빈도

단위: 회

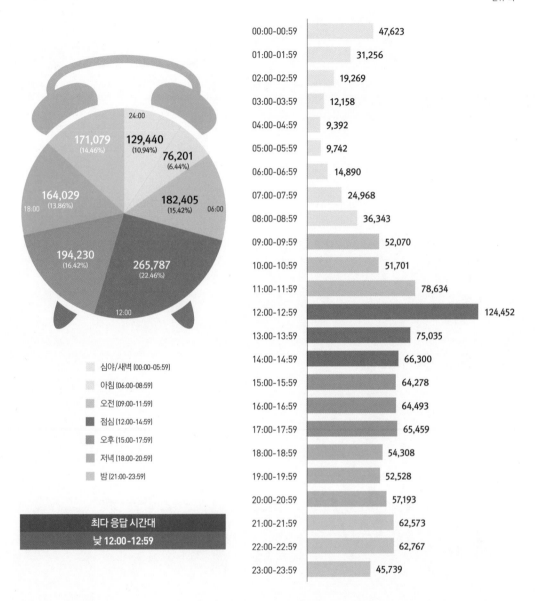

00:00-00:59	47,623
01:00-01:59	31,256
02:00-02:59	19,269
03:00-03:59	12,158
04:00-04:59	9,392
05:00-05:59	9,742
06:00-06:59	14,890
07:00-07:59	24,968
08:00-08:59	36,343
09:00-09:59	52,070
10:00-10:59	51,701
11:00-11:59	78,634
12:00-12:59	124,452
13:00-13:59	75,035
14:00-14:59	66,300
15:00-15:59	64,278
16:00-16:59	64,493
17:00-17:59	65,459
18:00-18:59	54,308
19:00-19:59	52,528
20:00-20:59	57,193
21:00-21:59	62,573
22:00-22:59	62,767
23:00-23:59	45,739

원형 그래프 수치

- 24:00 — 129,440 (10.94%)
- 76,201 (6.44%)
- 182,405 (15.42%) — 06:00
- 265,787 (22.46%) — 12:00
- 194,230 (16.42%)
- 164,029 (13.86%) — 18:00
- 171,079 (14.46%)

범례

- 심야/새벽 (00:00-05:59)
- 아침 (06:00-08:59)
- 오전 (09:00-11:59)
- 점심 (12:00-14:59)
- 오후 (15:00-17:59)
- 저녁 (18:00-20:59)
- 밤 (21:00-23:59)

최다 응답 시간대
낮 12:00-12:59

하루 중 안녕지수 응답이 가장 빈번했던 시간대는 점심 22.46%, 오후 16.42%, 아침 6.44%로 가장 낮았다. 1시간 단위로 나누어보았을 때에는 낮 12시~12시 59분이 12만 4,452회(10.50%)로 가장 높은 응답률을 보였다. 사람들이 설문에 응답하기 가장 편안한 시간이 점심시간임을 추측할 수 있다.

시간대별 안녕지수

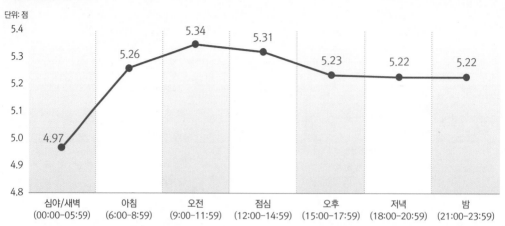

단위: 점

하루 일과를 7개 시간대로 나누어 안녕지수를 비교한 결과, 심야/새벽의 안녕지수가 4.97점으로 여타 시간대에 비해 크게 낮았다. 이러한 양상은 2019년과 2020년에도 관찰된 것으로 심야/새벽 시간 동안 사람들의 행복이 가장 취약함을 알 수 있다.

요일×시간대별 행복 바이오 리듬

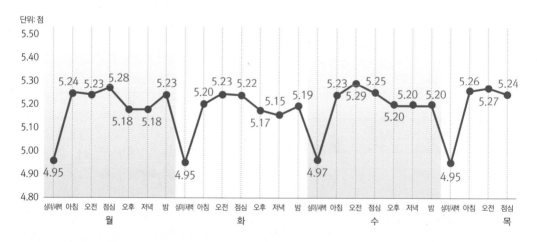

단위: 점

일주일 동안 시간대로 사람들의 안녕지수 값을 평균 내어 일주일 동안의 행복 바이오리듬을 분석했다. 분석 결과, 모든 요일에서 심야/새벽 시간에 행복감이 떨어지고, 점심과 저녁 시간에 행복감이 상승하는 양상을 보였다. 일주일 중에 행복 수준이 가장 높을 때는 토요일 오전 시간대(5.43점)이고, 가장 낮은 시점은 월요일 심야/새벽 시간대(4.95점)였다. 심야/새벽 시간대를 제외하고 일주일 중 가장 행복감이 낮을 때는 화요일 저녁으로 안녕지수가 5.15점에 불과했다. 따라서 화요일 저녁 시간대는 본인만의 소확행 활동을 통해 행복감을 끌어올릴 필요가 있다.

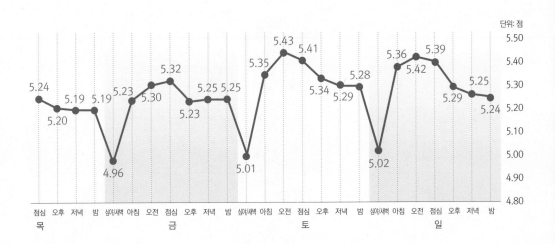

| | | | | | | | | | | | | | | | | | | | | | | | | 단위: 점 |

점심 오후 저녁 밤 | 심야/새벽 아침 오전 점심 오후 저녁 밤 | 심야/새벽 아침 오전 점심 오후 저녁 밤 | 심야/새벽 아침 오전 점심 오후 저녁 밤

목 금 토 일

5.24 5.20 5.19 5.19 4.96 5.23 5.30 5.32 5.23 5.25 5.25 5.01 5.35 5.43 5.41 5.34 5.29 5.28 5.02 5.36 5.42 5.39 5.29 5.25 5.24

Happiness in 2022

Keyword 1

고단했던 2022년 대한민국의 행복

경제 위기 속 행복의 위기

퍼머크라이시스(perma-crisis). 매년 연말이 되면 영국의 대표 사전 중 하나인 콜린스는 올해의 단어를 선정한다. 2022년을 관통하는 단 하나의 단어로 콜린스가 지목한 단어가 '퍼머크라이시스'다. 퍼머크라이시스는 '영구적인'을 의미하는 퍼머넌트(permanent)와 '위기'를 의미하는 크라이시스(crisis)의 합성어로 사회의 불안정과 불안이 장기간에 걸쳐 지속되는 상황을 의미한다. '위기'라는 단어 하나만으로도 이미 중압감이 느껴지는데, 그냥 위기도 아니고 '영구적' 위기라고 한다. 2022년은 대한민국의 행복에 있어서 어떤 의미를 갖는 한 해였을까?

2022년의 세계 경제는 다사다난했다. 인플레이션은 40여 년 만에 최고로 상승했고, 고물가 · 고금리 · 고환율 등 이른바 '3고(高)' 위기로 인해 글로벌 금융시장의 혼란이 심화되었다. 고물가와 저성장에서 비롯된 경제적 어려움에 많은 사람의 생계가 위태로워졌다. 2022년 2월 24일, 러시아 침공으로 시작된 러시아-우크라이나 전쟁은 여전히 진행 중이다. 전쟁으로 인해 지정학적 불안감이 고조되었고 에너지 및 식량 공급망의 위기가 찾아왔다. 이에 더해 코로나19 재확산과 점점 거세져 가는 기후 위기의 심각성까지. 그야말로 2022년은 많은 이에게 녹록지 않은 한 해였다. 전대미문의 코로나 팬데믹의 위험으로부터 가까스로 숨통이 트이려나 싶은 무렵, 세계 경제는 경제 침체의 늪에 빠져버렸다. 암울한 것은 이러한 경기 불황 상황이 장기화될 가능성이 높아지고 있다는 점이다.

2022년은 우리 일상을 지탱하는 많은 영역에 '위기'라는 꼬리표가 붙어 다니는, 복합 위기의 한 해였다. 불안정하고 불확실한 삶이 뉴노멀로 받아들여지게 된 지금, 우리의 행복은 어땠을까? 우리의 행복에도 위기라는 꼬리표가 붙었을까? 깊은 위기의 시름 속에서 대한민국의 행복은 안녕했을까?

우리의 행복은
어땠을까?
우리의 행복에도
위기라는 꼬리표가
붙었을까?
깊은 위기의 시름
속에서 대한민국의
행복은 안녕했을까?

경제 위기 속 행복의 위기

2020년 코로나 위기 속에 곤두박질쳤던 행복은 코로나 2년 차인 2021년에 놀라운 적응력과 회복력을 보였다(최인철 외, 2022). 코로나 3년 차에 접어든 2022년 대한민국의 행복은 회복세를 이어나가고 있었을까? 아니면 대혼란의 경제 위기 속에서 대한민국의 행복도 위기에 직면했을까?

먼저 카카오같이가치를 통해 측정한 전반적인 안녕지수를 살펴보자. 2022년 한국인의 안녕지수 평균은 10점 만점에 5.24점이었다. 안녕지수 중간값이 5점임을 감안했을 때, 이전과 마찬가지로 2022년 한국인의 행복 수준은 '보통'이었다고 할 수 있다. 그러나 이는 2021년의 안녕지수 평균보다 약 0.04점 낮은 점수로, 2022년은 전년도에 비해 행복이 하락했다. 2022년 대한민국의 안녕지수는 평균을 기준으로 종 모양의 정규분포 형태를 띤다. 4점에서 6점대의 중간 안녕 그룹에 57.35%의 사람들이 모여 있고, 7점대 이상의 높은 안녕 그룹에는 18.53%의 사람들이, 3점대 이하의 낮은 안녕 그룹에는 24.12%의 사람들이 분포되어 있다(그래프1). 2021년도 점수와 비교해보면 중간 안녕 그룹에 해당하는 비율은 0.88% 줄어들었고, 높은 안녕 그룹과 낮은 안녕 그룹에 속하는 사람들의 비율이 조금씩 늘어났다.

0점 이상 1점 미만 점수대 응답자의 비율은 2.13%에 달했다. 삶에 대한 만족감이 낮고, 삶의 의미를 찾지 못하며 긍정적인 정서보다 부정적인 정서를 훨씬 더 많이 경험하는 사람이 2.13%라는 점은 비

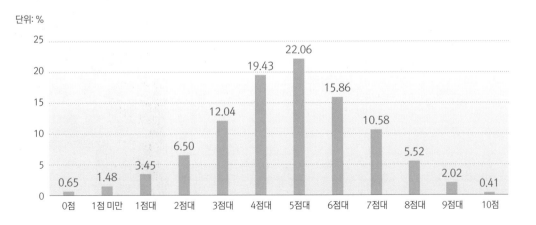

그래프 1 | 2022년 안녕지수 점수대별 분포

단위: %

점수대	비율
0점	0.65
1점 미만	1.48
1점대	3.45
2점대	6.50
3점대	12.04
4점대	19.43
5점대	22.06
6점대	15.86
7점대	10.58
8점대	5.52
9점대	2.02
10점	0.41

율로 보면 적은 수치이지만 참여 인원수로 보면 1만 9,014명에 이르는 결코 적지 않은 숫자다. 반면 안녕지수 점수가 9점 이상에 이르는 응답자 비율도 2.43%로 2만 1,745명에 이르렀다. 2021년과 비교하면 0점대는 1.92%에서 2.13%로 약 0.21% 증가했고, 9점대 이상은 2.23%에서 2.43%로 약 0.2% 증가했다.

삶의 만족도는 행복 측정을 위해 가장 중요하게 여겨지는 질문으로 꼽힌다. OECD는 소속 국가들의 행복 측정을 위해 가장 먼저 해야 하는 질문으로 삶의 만족을 제시하고 있다. 영국에서는 OECD의 제안에 따라 지속적으로 영국민들의 삶의 만족을 측정해오고 있으며, 유엔(United Nations) 역시 국가별 행복 수준을 조사하기 위해 삶의 만족도를 측정하고 있다. 유엔에서는 150여 개 국가들을 대상으로 행복 순위를 조사해서 매년 「세계행복보고서」를 발행하고 있으며 이 보고서는 국가별 행복 수준을 파악하기 위한 가장 신뢰로운 자료로 평가받고 있다. 「세계행복보고서」에서 측정하는 행복은 자신의 삶에 대한 전반적인 평가로 가늠하고 있다. 각 국가의 사람들에게 자신의 삶 전반을 0점(더 이상 나쁠 수 없다)부터 10점(더 이상 좋을 수 없다) 사이의 점수로 평가하도록 하는 것이다. 이 질문은 안녕지수로 측정하는 삶 만족도 문항과 거의 동일하다. 따라서 안녕지수로 측정한 2022년 대한민국의 삶 만족도를 다른 국가와 비교해봄으로써 대한민국 행복의 현주소를 파악해보기로 하였다.

2022년에 발행된 「세계행복보고서」(Helliwell et al., 2022)[1]의 결과를 살펴보면, 삶의 만족도가 가장 높은 국가는 핀란드(7.82점)였으며, 덴마크(7.64점), 아이슬란드(7.56점)가 그 뒤를 이었다. 이들 북유럽 국가들은 매해 행복 점수에서 최상위권을 차지하고 있다. 그 밖에 유럽과 오세아니아 대륙에 속한 나라들과 캐나다, 미국 등 북미 대륙에 속한 나라들 역시 상위권을 기록하였다. 전체 146개 국가 중 삶의 만족도가 가장 낮은 나라는 아프가니스탄(2.40점)이었으며, 레바논(2.96점), 짐바브웨(3.00점) 등 주로 중동 및 아프리카 대륙에 속한 나라들의 만족도가 저조한 것으로 나타났다.

삶의 만족도가
가장 높은 국가는
핀란드(7.82점)였으며,
덴마크(7.64점),
아이슬란드(7.56점)가
그 뒤를 이었다.

---

1 유엔에서 발행한 2022년 「세계행복보고서」의 국가별 삶의 만족도는 2019년부터 2021년 사이에 조사된 것으로 2022년의 조사된 안녕지수의 삶의 만족도와 시기상 다소 차이가 있다. 그러나 매년 발행된다는 점에서 변화의 추이를 살펴보는 것은 행복을 가늠하기 위한 중요한 자료로 사용된다.

대한민국의 삶의 만족도는 어떻게 나타났을까? 2022년 「세계행복보고서」에서 대한민국은 59위(5.94점)를 기록하였다. 「세계행복보고서」에서 대한민국이 차지하는 순위는 2019년 54위(전체 156개국), 2020년 61위(153개국), 2021년 62위(149개국), 그리고 2022년에는 59위(146개국)를 기록해오고 있다. 조사한 국가의 수가 매해 조금씩 차이가 나기 때문에 보다 정확한 비교를 위해 상대적 위치를 비교해본 결과, 2019년 상위 34.6%를 차지했던 대한민국의 위치는 2021년 41.6%로 하락했다가 지난 2022년에는 40.4%로 약 1.2% 상승하였다(그래프 2).

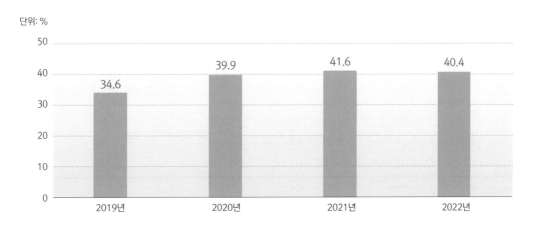

그래프 2 유엔 세계 행복 국가 순위 중 대한민국이 차지하는 상대적 위치

단위: %

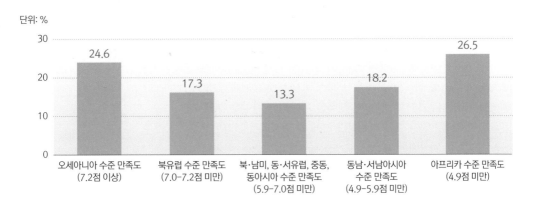

그래프 3 2022년 유엔 세계 행복 국가 순위와 비교한 대한민국 삶의 만족도 분포

단위: %

지난 2년 동안
우리의 행복은
코로나19
팬데믹과 함께
울고 웃었다.

유엔에서 조사한 세계 각국의 삶의 만족도 수준을 토대로 2022년
대한민국의 삶의 만족도 양상을 분석한 결과(그래프 3), 대한민국에 살
고 있지만 오세아니아에 살고 있는 사람과 유사한 만족도를 보이는
사람들은 24.6%로 나타났다.

반면 아프리카에 거주하고 있는 사람들처럼 낮은 삶의 만족도를 보
고한 사람들의 비율은 26.5%였다. 2021년과 비교했을 때 오세아니
아 수준의 높은 만족도를 보이는 사람은 0.6% 감소한 반면, 아프리
카 수준의 낮은 만족도를 경험하는 사람들은 0.8% 증가하였다. 이
는 대한민국 사람들의 삶의 만족도에 '주의' 신호등이 켜졌다는 것
을 의미한다.

한 해 동안 대한민국 행복이 어떻게 달라졌는지를 좀 더 자세히 관
찰하기 위해 일별 행복 점수의 변화 궤적을 살펴보자. 2022년 한
해 동안 대한민국 행복의 궤적은 어떤 모습이었을까? 코로나 1년
차(2020년)와 2년 차(2021년)의 행복 궤적을 되짚어보면, 대한민국
의 행복 수준은 코로나 확산의 규모 및 사회적 거리두기 시행에 맞
춰 상승과 하락을 반복했다. 코로나 확진자 수가 증가하고 그에 따
라 사회적 거리두기가 강화될 때 행복은 감소하는 경향을 보였고,
반대로 코로나 확진자 수가 감소하고 그에 따라 사회적 거리두기가
대폭 완화되는 기간에는 행복이 증가하는 경향을 보였다. 한마디로
지난 코로나 2년 동안 우리의 행복은 코로나19 팬데믹과 함께 울고
웃었다.

팬데믹은 여전히 진행 중이지만 코로나가 우리의 삶과 행복에 미친 영향은 앞선 두 해와 동일하지 않을 것이다. 3년 동안 많은 사람이 이미 코로나 상황에 적응했을 것이며 여기에는 백신 접종 여부도 한몫했을 것이기 때문이다. 실제로 2022년 4월 18일 0시 기준으로 4,452.6만 명(18세 이상 인구 대비 96.4%)이 코로나19 백신 2차 접종을 완료했다(질병관리청 보도자료, 2022). 팬데믹은 진행 중이지만 코로나 3년 차에 접어든 2022년은 코로나가 행복에 예전만큼 위협적인 요인으로 작용하지 않았을 것이다. 실제로 일별 행복 점수의 궤적과 코로나 확진자 수의 변화를 나타낸 그래프4를 보면 행복과 코로나의 관계가 이전만큼 뚜렷하지 않다는 점을 알 수 있다.

그래프4는 일별 코로나 신규 확진자 수와 사회적 거리두기 시행 여부를 보여주고 있다. 2022년 초부터 증가한 일별 신규 확진자 수는 3월에 최대 60만 명 이상에 도달하면서 전례 없는 최대 규모의 유행을 겪었다가 여름철에 가까워지면서 확진자 수가 감소하는 추세를 보였다. 그런 와중에 4월 18일에는 거리두기가 도입된 지 2년 1개월 만에 사회적 거리두기가 완전 해제되었다. 실내 마스크 착용 및 기본 방역수칙은 유지하지만 사실상 완전한 일상 회복이 시작된 기

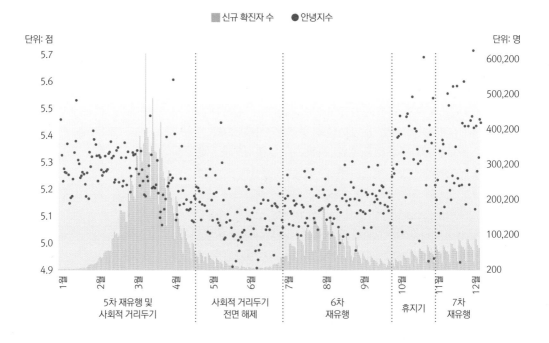

그래프 4 2022년 안녕지수의 궤적

점이었다. 이전 연도의 패턴을 생각해보면 코로나 재유행이 정점을
찍은 후, 바이러스 확산세를 어느 정도 통제하면서 사회적 거리두기
가 대폭 완화되는 시기에 사람들의 행복이 증가했을 것으로 예상할
수 있다. 그러나 그래프를 통해 확인할 수 있듯이 2022년은 연초부
터 중반까지 사회적 거리두기의 해제 여부와 무관하게 행복이 계속
하락하는 추세를 보였다. 코로나 감염자 규모와도 관계없이 하락하
던 행복은 6월에 바닥을 쳤다.

행복의 각 하위 지표가 보이는 궤적을 분석한 결과도 위 패턴과 유
사하다. 삶의 만족, 삶의 의미, 그리고 긍정정서 모두 안녕지수의 궤
적과 유사하게 연초부터 여름까지 하락하는 패턴을 보였다. 부정정
서와 스트레스는 그 반대의 패턴을 보였다. 즉 부정정서와 스트레
스는 코로나 확진자 규모나 사회적 거리두기 완화 여부와 관계없이
연초부터 여름까지 오르는 패턴을 나타냈다.

혹자는 코로나19 감염에 대한 우려 때문에 이 기간 동안 행복이 감
소했을 것이라고 생각할 수도 있을 것이다. 사회적 거리두기의 전
면 해제는 감염병 재확산에 대한 우려를 키울 수 있기 때문에 오히
려 행복에 부정적인 영향을 미쳤을 가능성이 있는 것이다. 물론 그
럴 가능성도 있으나, 당시 국내 한 여론조사 기관이 대한민국 국민
약 1,000명을 대상으로 실시한 조사 결과에 의하면 사회적 거리두
기 전면 해제를 부적절하다고 바라보는 의견(32%)보다 적절하다고
바라보는 의견(64%)이 더 많았다(한국갤럽, 2022a). 즉 2022년도 연
초부터 시작된 행복 감소를 설명하기에는 사회적 거리두기 전면 해
제로 인한 감염 우려는 설명력이 다소 부족해 보인다.

팬데믹 영향에서는
어느 정도
자유로워졌으나
영구적 위기라는
또 다른
경제적 위기로 인해
시련을 겪은 것은
아닐까?

코로나 3년 차에 접어든 대한민국의 행복 변화는 이전과 달리 코로나 확진자 수의 증감이나 사회적 거리두기 시행 여부와는 크게 관계가 없어 보인다. 2022년 대한민국의 행복은 코로나 팬데믹의 영향에서는 어느 정도 자유로워졌으나, 영구적 위기라는 또 다른 경제적 위기로 인해 시련을 겪은 것은 아닐까?

앞서 언급한 대로 2022년은 여러 가지 경제적 악재로 인한 위기의 한 해였다. 코로나에는 적응했지만 숨 돌릴 새 없이 밀려오는 경제 위기에 허덕여야 했던 시간이었다. 2021년 4.1%였던 평균 국내총생산(GDP)은 2022년 1분기에 3.0%로 하락하였으며, 2분기와 3분기에도 각각 2.9%, 3.1%로 지난해 대비 저조한 경제성장률을 보였다(KDI, 2022). 경기가 좋지 않을 때 상승하는 지표 중 하나가 소비자물가지수다. 소비자물가지수의 상승은 같은 물건을 구입할 때 이전보다 더 많은 금액을 지불해야 한다는 것을 의미한다. 쉽게 말해, 지난해 겨울에는 2,000원에 붕어빵 5마리를 먹을 수 있었지만, 2022년 겨울에는 3,000원을 지불해야 붕어빵을 먹을 수 있게 되는 것이다. 같은 양의 물품을 구입하는 데 더 많은 비용을 지불해야 한다는 것은 그만큼 화폐 가치가 감소했다는 것으로, 경기 침체와 밀접하게 관련되어 있다.

2022년 한국의 소비자물가지수는 107.71로 전년 대비 5.1% 상승하였다. 지난 30년간 한국의 물가상승률을 살펴보면 2022년도

그래프 5 지난 30년간 소비자물가 등락률

단위: %

출처: KOSIS 국가통계포털

물가상승률이
지속적으로 증가할 때
사람들의 만족도는
꾸준히 감소했다.

월평균 안녕지수도
삶의 만족도와 유사한
양상을 띠는 것으로
나타났다.

에 고물가 흐름이 얼마나 급격하게 찾아왔는지 가늠해볼 수 있다 (그래프 5). 한국의 물가는 1998년 외환위기(IMF) 때와, 국제 원유가격 급등이 있었던 2008년에 급상승했었지만, 이후로는 과거에 비해 비교적 안정적으로 물가가 유지되고 있었다. 2019년과 코로나 1년 차였던 2020년에는 통계 작성 이후 처음으로 2년 연속 물가상승률이 0%대에 머물기도 했었다(통계청 보도자료, 2022). 그러나 2022년도 한국의 연간 소비자물가상승률은 무려 5.1%를 기록했다. 이는 1998년 IMF(7.5%) 이후 최고 수준이다.

그래프 6 은 월별 물가상승률과 카카오같이가치로 측정한 삶 만족도 점수의 변화를 보여준다. 그래프를 통해 볼 수 있듯이, 2022년 1월부터 물가상승률은 꾸준히 증가하다 7월에 최고점에 이르렀고, 그 이후에 완만하게 감소하여 거꾸로 된 V자 형태를 보인다. 월별 삶의 만족도는 이와 상반되는 양상을 보였는데, 물가상승률이 지속적으로 증가할 때 사람들의 삶의 만족도는 꾸준히 감소하였다. 2022년 7월 이후 물가상승률이 하락하기 시작하면서 삶의 만족도가 증가하는 것을 확인할 수 있다. 월평균 안녕지수 역시 삶의 만족도와 유사한 양상을 띠는 것으로 나타났다.

생활물가상승률이 1% 증가할 때 사람들의 삶의 만족도는 약 0.05점 감소한다. 삶의 만족도가 0.05점 감소하는 것이 미미하게 느껴질 수 있다. 그러나 물가상승률의 1% 증가는 주말을 맞이했을 때 높아지는 삶의 만족감을 빼앗아 간다는 점을 고려하면, 이는 결코 적은 수치가 아닐 것이다(2022 주말 동안 삶의 만족감은 주중 만족감에 비해 약 0.06점 높다). 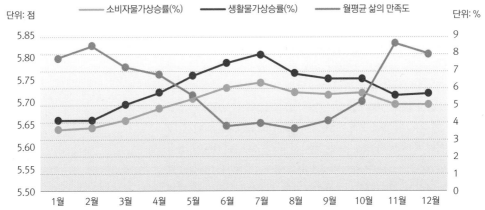을 다시 살펴보면, 지속적으로 물가가 상승하는 2022년 상반기에 대한민국 사람들은 주말이 가져다주는 만족감을 상실하였으며, 하반기에 들어서서야 비로소 삶의 만족을 회복하였다.

우울 점수와 불안 점수 및 월 소비자물가상승률의 변화를 나타낸 그래프7을 봐도 6월을 지나 7월로 갈수록 소비자물가상승률이 증가하

그래프 6 2022년 월별 물가상승률과 삶의 만족도 점수

단위: 점 · 소비자물가상승률(%) · 생활물가상승률(%) · 월평균 삶의 만족도 · 단위: %

주: 소비자물가상승률과 생활물가상승률은 전년 동월비 상승률을 나타냄
소비자물가상승률과 생활물가상승률 출처: 통계청(2022년 12월 및 연간소비자물가동향)

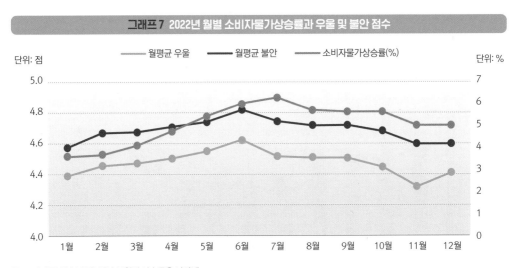

그래프 7 2022년 월별 소비자물가상승률과 우울 및 불안 점수

단위: 점 · 월평균 우울 · 월평균 불안 · 소비자물가상승률(%) · 단위: %

주: 소비자물가상승률은 전년 동월비 상승률을 나타냄
소비자물가상승률 출처: KOSIS 국가통계포털

는 것과 함께 불안 점수와 우울 점수 역시 증가하고 있는 것을 확인할 수 있다. 외환위기 이후 찾아온 2022년의 물가 폭등 현상은 사회적 불안을 가속화하고 개인의 생활 수준을 유지하는 데 필요한 소득, 소비 생활에 부정적인 영향을 미쳤을 것이다. 이는 심리적 위축으로 이어져 행복 감소를 경험하게 만든 것으로 보인다.

2022년 행복의 감소가 경기 침체와 관련이 있을지 알아보기 위해 이번에는 다양한 경제지표 중 한국종합주가지수인 코스피(KOSPI)와 월별 안녕지수 점수의 변화를 살펴보았다.

그래프 8 을 통해 확인할 수 있듯이, 2022년 대한민국의 행복은 연초부터 감소하다가 6월에 바닥을 찍는다. 코스피지수 역시 2022년 1월부터 5월 사이에는 작은 폭으로 오르락내리락을 반복하다가 6월을 기점으로 매우 큰 폭으로 하락한 것을 볼 수 있다. 2022년 6월은 경제 위기에 있어서 주요 변곡점이 되는 달이라고 볼 수 있다. 실제로 2021년 1월에 3,000을 돌파했던 코스피지수는 2022년 6월에 2,500 아래로 떨어졌다(최저 6월 23일: 2,314). 미국이 28년 만에 75bp라는 큰 폭의 금리 인상을 단행한 것 역시 2022년 6월에 벌어진 일이다. 2022년 6월은 코스피 2,500선 붕괴, 고물가, 미국 금리 대폭 인상, 러시아-우크라이나 사태 장기화 등 국내 안팎으로 세계 금융시장의 불안정과 위기감이 크게 고조되던 시기에 속한다.

외환위기 이후 찾아온 2022년의 물가 폭등 현상은 사회적 불안을 가속화하고 개인의 생활 수준을 유지하는 데 필요한 소득, 소비 생활에 부정적 영향을 미쳤을 것이다.

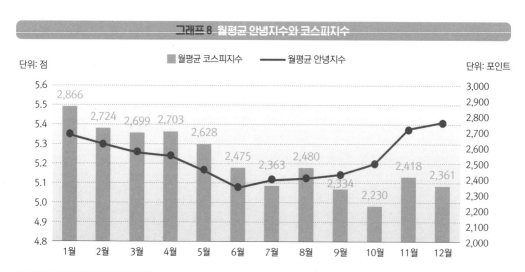

그래프 8 월평균 안녕지수와 코스피지수

단위: 점

■ 월평균 코스피지수　　—— 월평균 안녕지수

단위: 포인트

코스피지수 출처: KOSIS 국가통계포털

이 기간에 실시된 국내 여론조사에 따르면, 국가 경제 전망 및 가계 살림살이 전망이 코로나 첫해였던 2020년 12월 이후 가장 부정적으로 나타났으며 미래 경기 전망에 대한 비관론이 큰 폭으로 증가했다. 대체로 경기 낙관론은 현 정부의 정책 방향에 강한 신뢰를 가지고 있는 사람들에게서 높게 나타나는 편이다. 그러나 2022년 6월 이후부터는 정치적 성향의 차이를 막론하고 경기 전망의 '방향성'이 일치했다고 한다(한국갤럽, 2022b). 바꿔 말하면 경제 여건이 녹록지 않다는 데는 거의 대부분의 사람이 동의한다는 것이다.

물론 경기 전망이 이 시기에만 나쁜 건 아니었다. 그러나 2022년이 다른 연도와 다른 점은 가계 살림살이에 대한 비관론이 장기화되어 나타나고 있다는 점이다. 그래프 9 를 보면 경기 낙관론은 2022년 연초에 30%에서 출발하여 연말에는 10% 초반으로 감소하였다. 같은 기간 동안 경기 비관론은 29%에서 60%까지 증가하였다. 5월에서 6월 사이 점수 변화를 살펴보면 비관론의 변화폭이 다른 기간보다 상당히 크다는 것을 확인할 수 있다. 예컨대 4월에서 5월로 가는 사이에 비관론은 겨우 1% 증가한 반면, 5월에서 6월로 가는 사이 비관론은 무려 13%나 증가했다. 코로나 첫해인 2020년 하반기의 경기 전망도 좋진 않았지만, 2022년의 하반기 비관론은 더 장기화되고 있다는 점에서 이전과 다르다(한국갤럽, 2022b).

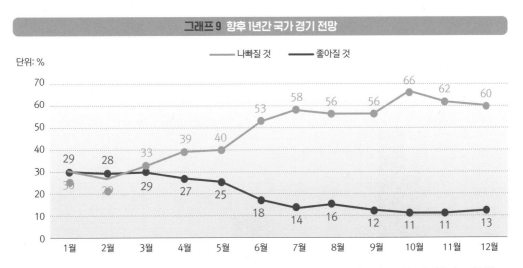

그래프 9 향후 1년간 국가 경기 전망

단위: %

— 나빠질 것　— 좋아질 것

출처: 한국갤럽 데일리 오피니언 제524호(조사기간: 2022년 12월 13~15일; 응답방식: 전화조사원 인터뷰; 표본크기: 전국 만 18세 이상 1,001명)

2022년의 6월은
열두 달 중 가장
불행한 달이었다.

전년도인 2021년의 6월은 5월 다음으로 가장 행복한 달이었다. 그러나 2022년의 6월은 열두 달 중 가장 불행한 달이었다. 2022년의 6월은 전체 행복 점수도 낮았지만 주말이 행복에 가져다주는 긍정적 효과도 찾아보기가 어려웠다. 토요일, 일요일, 그리고 두 번의 법정 공휴일(6월 1일 지방선거, 6월 6일 현충일)을 주말로 구분하고 나머지 월요일부터 금요일까지를 평일로 구분하여 행복 점수를 비교한 결과, 2022년의 6월은 주말과 평일의 안녕지수 격차가 단 0.01점밖에 되지 않았다(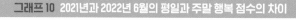). 2021년 6월에는 주말과 평일의 안녕지수 차이가 0.20점인 것을 고려하면, 2022년 6월은 휴일이 가져다주는 즐거움과 여유도 온전히 누리기 어려웠던 기간으로 보인다. 경기 침

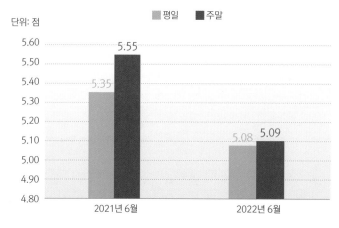

경기 침체로 인해
우리의 행복에도
'위기'라는 이름표를
붙여야 했는지도
모른다.

체로 인해 우리의 행복에도 '위기'라는 이름표를 붙여야 했는지도
모른다.

그 와중에 다행으로 생각되는 것은 6월에 최저점을 찍은 행복이
2022년 연말로 갈수록 다시 증가하는 경향을 보였다는 점이다. 이
는 후속 장에서 더 자세히 살펴보겠지만 연말 자체가 행복에 긍정
적인 영향을 미치기 때문일 수도 있고, 월드컵과 같은 소소한 즐거
움을 안겨준 이벤트들이 후반부에 있었기 때문으로 보인다. 다만 앞
서 언급하였듯이 2022년 11월과 12월의 행복을 분석할 때는 해석
에 주의가 필요하다.

안녕지수와 하위 요소들을 전반적으로 살펴봐도 2022년 대한민국
의 행복은 전년도인 2021년의 행복에 비해 크게 감소했다는 점을
확인할 수 있다. 그래프 11 은 2022년의 안녕지수 및 안녕지수의 10가
지 개별 하위 지표들의 평균점수가 2021년과 비교하여 어떻게 변
화했는지를 차이값을 통해 보여주고 있다. 세로축의 0점을 중심으
로 위로 올라간 막대기는 해당 지표의 점수가 2021년보다 2022년
에 더 높아진 것을 의미한다. 세로축의 0점을 중심으로 아래로 내려
간 막대기는 해당 지표의 점수가 2021년보다 2022년에 더 낮아진
것을 의미한다. 그래프를 보면 '짜증' 정서를 제외한 모든 부정 지
표(스트레스, 지루함, 우울, 불안)는 증가했지만 삶에 대한 만족감, 삶의
의미, 행복, 즐거움, 평안함 등 모든 긍정적인 지표들은 하락한 것을
볼 수 있다.

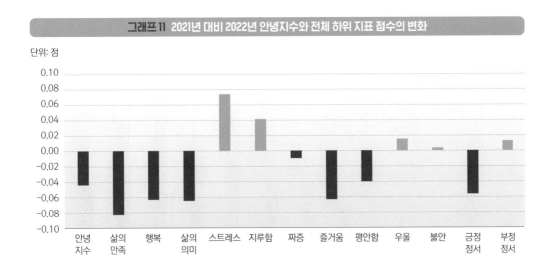

그래프 11 2021년 대비 2022년 안녕지수와 전체 하위 지표 점수의 변화

특히 큰 변화를 보인 스트레스 점수를 살펴보면 2021년도에 비해 2022년도에 '높은' 스트레스 그룹에 속하는 사람들의 비율이 증가했다는 점을 알 수 있다. 2022년도 한국인의 스트레스 평균은 10점 만점에 6.15점으로 중간값인 5를 크게 상회하고 있으며 안녕지수의 다른 하위 지표 가운데 유일하게 6점을 넘은 지표에 속한다. 대한민국의 스트레스가 매우 높고 우려할 만한 수준에 이르렀지만 여전히 개선되지 않고 있음을 알 수 있다. 2022년 스트레스 점수 분포를 나타내는 그래프 12 를 보면, 스트레스 점수가 중간에서 오른쪽으로, 즉 높은 점수 쪽으로 치우쳐 있는 것을 확인할 수 있다. 4점대부터 6점대 사이에 속하는 중간 스트레스 그룹은 35.86%로, 2021년 중간 스트레스 그룹이었던 36.89%보다 약 1.03% 줄어들었다. 반면 스트레스 점수가 7점대 이상인 높은 스트레스를 경험한 응답자는 전체 응답자의 절반에 가까운 48.48%를 차지했다(그래프 12). 전년도와 비교해보면, 중간 스트레스와 낮은 스트레스 그룹에 해당하는 비율은 줄어들었고 높은 스트레스 그룹에 속하는 사람들의 비율이 소폭 늘어났다. 대한민국 스트레스 점수는 점점 오른쪽으로 이동하는 중에 있다.

또한 눈여겨볼 결과 중 하나는 카카오같이가치 마음날씨를 통해 안녕지수를 측정해온 지난 5년 동안 스트레스 점수가 10점인 최극단 수준의 스트레스를 경험한다고 보고한 응답자의 비율이 지속적으로 증가해오고 있다는 점이다(그래프 13). 2018년의 경우 전체 응답자 중 9.2%에 해당하는 사람들이 자신의 스트레스 수준을 10점으로 평가하였다. 이 비율은 지난 5년 동안 작지만 줄곧 증가하여 2022

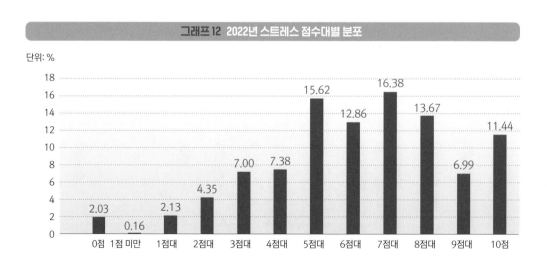

그래프 12 2022년 스트레스 점수대별 분포

단위: %

점수대	비율
0점	2.03
1점 미만	0.16
1점대	2.13
2점대	4.35
3점대	7.00
4점대	7.38
5점대	15.62
6점대	12.86
7점대	16.38
8점대	13.67
9점대	6.99
10점	11.44

스트레스 점수를
왼쪽으로 끌어당기기
위해서는 개인적
노력도 필요하지만
사회적 차원에서도
머리를 맞대야 할
필요가 있다.

년에는 전체 응답자 중 11.44%에 해당하는 사람들이 극단의 스트레스를 경험하는 것으로 이어졌다. 이보다 더한 스트레스를 받을 수 없는 최고 수준의 스트레스를 경험하고 있는 사람들의 비율이, 비록 그 수치는 미미하지만 늘어나고 있다는 점을 주목할 필요가 있다. 대한민국의 스트레스 점수를 왼쪽으로 끌어당기기 위한 노력이 절실히 필요해 보인다. 이를 위해서는 개인적 노력도 중요하지만 사회적 차원에서도 머리를 맞대야 할 필요가 있다.

그래프 13 스트레스 10점 응답 비율의 5년간 변화

단위: %

- 2018년: 9.2
- 2019년: 10.1
- 2020년: 10.4
- 2021년: 10.6
- 2022년: 11.4

사회적 거리두기가 종료되는 엔데믹이 코앞에 찾아왔지만 2022년 대한민국의 행복은 이를 온전히 누리기 어려웠다. 2022년은 여러 가지 악재로 인한 위기의 한 해였다. 전 지구적 팬데믹은 3년째 이어지고 있으며 지금 이 순간에도 전쟁으로 많은 사람이 생존을 위협받고 있다. 사회 전반에 드리운 불황의 그늘은 평범한 삶을 즐길 여유마저 빼앗고 있다. 해결되지 않는 여러 가지 난제를 둔 채 답답한 날들이 이어져 가고 있다.

행복의 위기와 헤어질 결심

힘겨운 팬데믹을 버티면서 팬데믹으로 인해 변화된 새로운 일상에 어느 정도 적응하기 시작했을 무렵 우리는 또 다른 위기와 마주하게 됐다. 언제 끝날지 모르는 경제 위기 속에서 우리의 행복 역시 위기로부터 안전하지 못했다. 이런 와중에 어떻게 해야 우리의 행복을 지켜낼 수 있을까?

행복에 대해 우리가 갖고 있는 오해 중 하나는, 행복을 '결과'로서의 행복으로 좁게 이해하는 경향이다. 쉽게 말해 좋은 일이 생기면 그 결과로 행복한 것이고, 반대로 나쁜 일이 생기면 그 결과로 불행해지는 것으로 행복을 바라보는 것이다. 행복을 단순히 즐거운 상태에서 누리는 보상 차원으로 이해하는 관점에서 본다면, 깊은 사회경제적 위기 속에서 우리의 행복은 필연 타격을 받을 수밖에 없는 것으로 보인다. 그리고 이 위기가 끝나지 않는 이상 우리의 행복은 결코 회복될 수 없다는 생각을 자연스레 받아들이게 될 것이다.

쾌락적 행복관(hedonism)보다
삶의 의미와 목적, 자기 성장을
행복의 중요 요소로 보는
의미적 행복관(eudaimonism)은
위기 속에서 빛을 발한다.

하지만 그렇지 않다! 외부 상황으로 인해 우리의 행복이 위기에 처할 수는 있지만 그 방향이 언제나 일방적인 것은 아니다. 행복에 대해 견지하고 있는 우리의 이해 범위를 조금 넓힌다면 행복은 위기를 극복하는 데 도움이 되는 자원이자 주요 원인이 될 수 있다. 행복이 외부 위기에 맞설 수 있는 선행 조건이 되는 것이다. 특히 즐거움을 추구하는 쾌락적 행복관(hedonism)보다 삶의 의미와 목적, 자기성장을 행복의 중요 요소로 보는 의미적 행복관(eudaimonism)은 위기 속에서 빛을 발한다. 이러한 주장은 행복이 신체 건강에 미치는 영향을 탐구한 연구에서 나름의 근거를 찾을 수 있다.

행복과 건강의 관계를 탐구한 기존 연구에 의하면 쾌락적 행복을 경험하는 것보다 의미적 행복을 경험하는 것은 건강에 위협이 되는 외부 바이러스에 대응하는 데 있어서 매우 중요한 역할을 하는 것으로 나타났다(Fredrickson et al., 2013). 예를 들면 의미적 행복을 더 많이 경험하는 것은 항바이러스와 관련된 유전자 발현 정도와 강한 관계가 있었다. 반면 쾌락적 행복을 경험하는 것은 건강에 도움이 되지 않는 생리적 반응과 더 관계가 있었다. 비록 오늘 즐거운 기분을 느낄 만한 일이 하나도 없었더라도, 삶 속의 소소한 가치를 발견하는 데서 경험할 수 있는 의미적 행복은 몸의 역경을 이겨내는 데 도움이 될 수 있음을 시사하는 결과이다. 이에 더하여 의미적 행복은 몸의 역경을 넘어 삶의 다양한 역경을 헤쳐나가는 데 역시 도움이 될 것이다.

지금 이 순간 좋은 기분을 느끼는 것을 넘어 삶의 의미를 발견하는 것, 의미 있는 삶을 만드는 자신만의 방법을 갖는 것, 목적을 추구하는 것, 조금씩 성장하고 있는 자신을 발견하는 것, 자기중심을 넘어 타인에게 이르기 위해 노력하는 것, 삶의 의미를 발견하는 것은 위기에 맞서 싸울 수 있는 창과 방패를 준비하는 것과 같다. 2022년 위기의 악재 속에서, 비록 즐거움을 경험할 기회는 적었지만 의미를 되찾으려는 의지와 마음을 꺾지 않는다면 우리의 행복을 위기로부터 조금은 지켜낼 수 있지 않을까?

삶의 의미를 발견하는 것이 다소 추상적으로 느껴진다면, 여기 조금 더 실용적인 방법이 있다. 누군가와 연결되어 있는 느낌, 흔히 소속감이라 불리는 느낌을 갖기 위한 작은 시도를 해보는 것이다. 연구 결과에 의하면, 친구와 이야기를 하거나 가벼운 농담을 주고받는 것은 그날 하루 끝의 행복을 증진시키고 스트레스는 낮추는 효과가 있었다(Hall et al., 2023). 친구에게 혹은 가까운 누군가에게 오늘 내 하루가 어땠는지 들려주거나, 아니면 그저 친구들의 말을 들어주는 것은 그날 하루의 끝을 기분 좋게 마무리하는 데 큰 도움이 되었다. 더 중요한 점은, 여러 친구들과 많은 양의 대화를 나누어야만 이러한 효과가 나타나는 것이 아니라, 하루 중 단 한 번의 좋은 대화로도 하루 끝의 행복 증진 효과가 충분했다는 점이다. 오늘 위기 속에서 긴장을 내려놓을 수 없던 고단한 하루를 보냈지만, 그 하루의 끝자락까지 위기 속에 우리의 행복을 내버려두지 말자.

친구와 이야기를 하거나 가벼운 농담을 주고받는 것은 그날 하루 끝의 행복을 증진시키고 스트레스는 낮추는 효과가 있었다.

2022년을 대표하는 단어가 '위기'라고 하지만, 2022년에 많은 이들의 마음을 울렸던 또 다른 말이 있다. '중요한 것은 꺾이지 않는 마음'이다. 불안하고 답답한 와중에 많은 이들에게 깜짝 즐거움과 근사한 감동을 전해준 월드컵을 통해 전파된 메시지다. 위기 속에서 행복을 지키기 위해서는, 그럼에도 불구하고 낙관하려는 마음과 대책 없어 보일 만큼 '희망'을 붙들려는 의지일지도 모른다. 어느 책 제목처럼 '손잡지 않고 살아남은 생명은 없다'. 겪어보지 못한 미증유의 위기 속에서도 서로에게 어떻게든 연결되려는 마음을 놓지 않는다면 위기로부터 나의 행복과 우리의 행복을 조금은 지켜낼 수 있지 않을까. 2023년은 어려움 속에서도 함께 낙관하며 행복을 지켜내는 한 해가 됐으면 하는 희망을 걸어본다.

Happiness in 2022

Keyword 2

2022년 누가 가장 행복했을까?

성별과 연령에 따른 안녕지수

2022년은 사회적 거리두기 정책 완화, 제20대 대통령 선거, 러시아-우크라이나 전쟁, 이태원 참사, 카타르 월드컵 등 국내외적으로 사건 사고가 많은 해였다. 다사다난했던 2022년에는 남성과 여성 중 누가, 어느 연령이 가장 행복했을까? 그리고 한 해 동안 성별과 연령에 따른 행복은 어떻게 변했을까?

2022년 성별 간 안녕지수를 비교한 결과, 여성보다 남성의 행복 수준이 더 높았다. 남성의 안녕지수 평균값은 5.33점, 여성의 안녕지수 평균값은 이보다 낮은 5.20점이었다(그래프14). 안녕지수의 하위 지표인 삶의 만족, 삶의 의미, 긍정정서에서도 남성의 점수가 더 높았고, 스트레스와 부정정서에서는 여성의 점수가 더 높았다. 이러한 남성과 여성의 기저 수준의 차이는 안녕지수를 측정해온 이래로 매년 관찰된 결과이다.

2022년에 측정한 행복 지표는 남성이 여성보다 행복했다고 가리킨다. 그런데 유일하게 반대 방향을 가리킨 지표가 있다. 바로 부정정서 항목 중 지루함이다. 그래프15를 보면 여성에 비해 남성은 짜증, 우울, 불안한 감정을 적게 경험했다. 반면 지루한 감정은 남성이 5.41점, 여성이 5.33점으로 남성이 여성보다 더 높았다. 전년도인 2021년에도 일관되게 여성(5.29점)보다 남성(5.37점)이 지루함을 더 경험했다. 남성은 여성보다 왜 유달리 높은 지루함을 경험한 것일까?

지루함은 다양한 자극이 결여된 상태와 관련 있으며, 지루함 성향이 높은 사람은 다른 사람보다 지루함을 더 깊이 그리고 더 자주 느끼곤 한다. 지루함 성향은 남성이 여성보다 더 높은데(Vodanovich & Kass, 1990), 일부 연구자들은 그 이유를 남성이 외부로부터의 새롭고 흥미로운 자극을 추구하려는 욕구가 높기 때문이라고 이야기한다(Studak & Workman, 2004). 코로나 2, 3년 차에 접어들면서 장기간 삶에 가해진 제약으로 남성은 여성에 비해 신나고 다양한 활

행복하지만
따분한 일상을
보내는 남성

그래프 14 2022년 성별 안녕지수 및 하위 지표 평균값

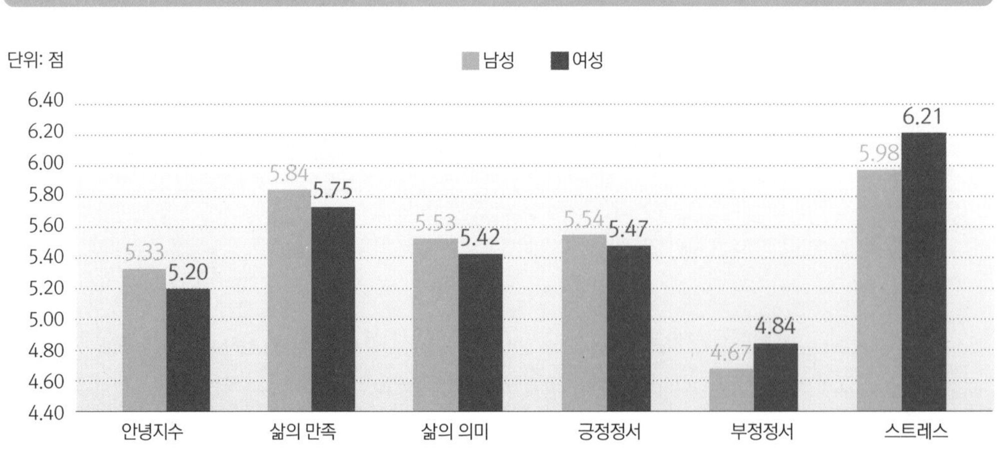

단위: 점   ■ 남성 ■ 여성

	안녕지수	삶의 만족	삶의 의미	긍정정서	부정정서	스트레스
남성	5.33	5.84	5.53	5.54	4.67	5.98
여성	5.20	5.75	5.42	5.47	4.84	6.21

코로나 2, 3년 차에 접어들면서 장기간 삶에 가해진 제약으로 남성은 여성에 비해 신나고 다양한 활동을 누리려는 욕구가 충족되지 않아 쉽사리 지루함을 느꼈던 것은 아닐지 추측해볼 수 있다.

동을 누리려는 욕구가 충족되지 않아 쉽사리 지루함을 느꼈던 것은 아닐지 추측해볼 수 있다.

다음으로 한 해 동안 성별 간 행복 점수가 어떻게 변화했는지 알아보기 위해 1월부터 12월까지 남성과 여성의 안녕지수 궤적을 그려보았다. 그래프16 에서 나타났듯이 남성의 안녕지수 궤적이 여성의 안녕지수 궤적보다 항상 위에 있다. 즉 남성은 모든 기간에서 여성보다 행복했다. 그에 반해 여성은 연초와 연말을 제외하고 모든 기간에서 전체 평균(5.24점)보다 행복감이 낮았다. 이러한 패턴은 긍정적인 심리 경험인 삶의 만족, 삶의 의미, 긍정정서에서도 동일하게 나타났다.

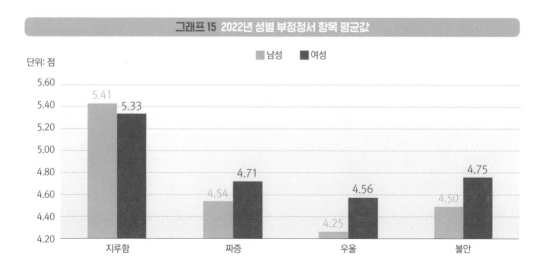

그래프 15 2022년 성별 부정정서 항목 평균값

단위: 점

■ 남성 ■ 여성

	지루함	짜증	우울	불안
남성	5.41	4.54	4.25	4.50
여성	5.33	4.71	4.56	4.75

부정적인 심리 경험인 스트레스와 부정정서에서 나타난 성별 차이를 봤을 때도 동일한 패턴이 나타났다. 남성의 스트레스 궤적은 열두 달 모두 여성의 스트레스 궤적보다 아래에 있으며(그래프 17), 이는 한 해 동안 여성이 남성보다 높은 스트레스를 받았다는 것을 의미한다.

그래프 16 과 그래프 17 을 조금 더 자세히 들여다보면, 여성과 다르게 11월에 남성의 안녕지수(5.73점)는 월등히 높고, 스트레스(5.43점)는 현저히 낮은 점이 눈에 띈다. 2022년 11월 남성의 행복 수준은 안녕지수를 측정해온 이래로 가장 높았다. 심지어 남성이 여성보다 더

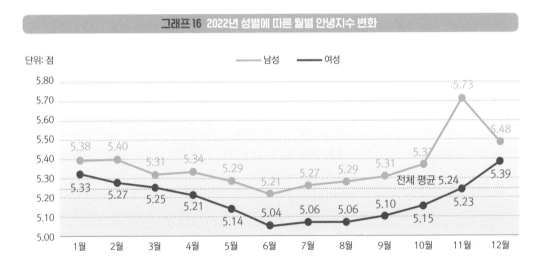

그래프 16 2022년 성별에 따른 월별 안녕지수 변화

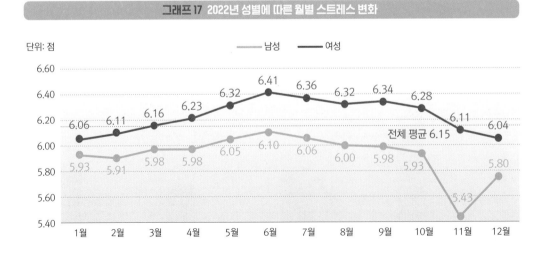

그래프 17 2022년 성별에 따른 월별 스트레스 변화

평소 축구에 관심이 없는 사람이라도 월드컵 개막이 다가오면 기대가 높아지는 가운데 축구팬이 많은 남성에게는 카타르 월드컵이 하나의 큰 이벤트로 다가왔음을 짐작하게 한다.

높은 수준의 지루함을 느꼈던 한 해였음에도 11월에서만큼은 남성(4.82점)이 여성(5.12점)보다 덜 지루했다. 정확한 이유는 알 수 없겠지만, 이 기간에 카타르 월드컵이 개막했다는 점을 생각해볼 수 있다.

당시 국내 한 여론조사 기관에서 실시한 조사 결과에 의하면, 여성(45%)보다 더 많은 비중의 남성(65%)이 축구에 관심이 있다고 응답했다(한국갤럽, 2022d). 그중에서도 축구에 관심이 많은 남성 응답자(28%)는 여성 응답자(14%)의 2배나 되었다. 평소 축구에 관심이 없는 사람이라도 월드컵 개막이 다가오면 기대가 높아지는 가운데 축구팬이 많은 남성에게는 카타르 월드컵이 하나의 큰 이벤트로 다가왔음을 짐작하게 한다.

다만 이는 한 가지 가능성일 뿐 남성의 행복이 증가한 이유에는 여러 가지 원인이 복합적으로 작용했을 가능성이 있다. 또한 11월은 다른 달에 비해 남성과 여성이 제공한 응답 건수가 다소 적었기에 월드컵 개막이 남성의 행복에 크게 영향을 미쳤다고 섣불리 판단하지 않도록 주의할 필요가 있다.

코로나 3년 차에 접어든 2022년, 연령에 따른 안녕지수 평균값은 U 자형 패턴이었다. 안녕지수는 10대 때 전체 평균(5.24점)보다 높다가 내리막길을 달려 20대에 최저로 하락한 후 반등하기 시작해 60대에 다시 최고로 높아진다(그래프 18). 이러한 패턴은 안녕지수 하위 지표 중 긍정적 심리 경험인 삶의 만족, 삶의 의미, 긍정정서(행복, 즐거움, 평안함)에서도 관찰됐다.

반면 부정적 심리 경험인 스트레스와 부정정서(지루함, 짜증, 우울, 불안)에서는 역U자형 패턴이 나타났다. 즉 스트레스와 부정적인 감정 평균값은 20대부터 40대가 높았고 60대 이상이 가장 낮았다

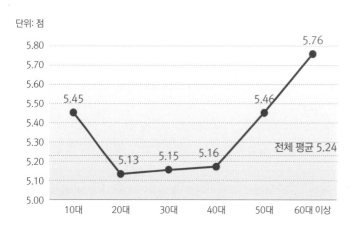

그래프 18 2022년 연령별 안녕지수 변화

단위: 점

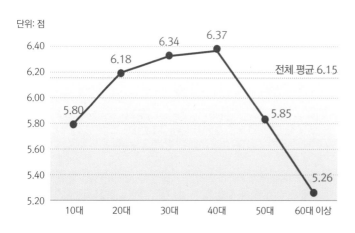

그래프 19 2022년 연령별 스트레스 변화

단위: 점

(그래프 19). 이때 부정적인 심리 경험 종류에 따라 20대와 40대가 1, 2위를 다투었다. 지루함과 불안은 20대가 더 높았고 스트레스, 짜증, 우울은 40대가 더 높았다.

해마다 최고점과 최저점을 찍는 연령은 조금씩 다르지만, 연령에 따른 행복 패턴은 코로나 팬데믹 이전과 이후에도 발견됐다. 특히 코로나 고위험군에 속하는 60대 이상은 코로나 3년 차인 2022년에도 긍정적인 심리 경험에서는 1위를(삶의 만족에서만 10대가 1위, 60대 이상이 2위를 했다), 부정적인 심리 경험에서는 부동의 6위 자리를 지켰다. 이는 코로나 팬데믹과 같이 실존적 위협을 장기적으로 받는 상황에서도 나이가 많은 사람은 정서적으로 훨씬 안정적이라는 기존 연구 결과와 일치한다(Fields et al., 2022).

2022년에는 남성이 여성보다 더 행복했고, 20대 이후부터 행복감이 증가해 60대 이상에서 최고의 행복을 누렸다. 그렇다면 모든 연령에서 남성이 여성보다 행복했을까? 행복감과 연령 관계에서 관찰된 U자형 패턴은 남성과 여성에 따라 차이는 없을까? 이 질문에 답하기 위해 연령에 따른 남녀의 안녕지수를 분석해보았다.

위 질문에 대한 답을 하면 남성이 여성보다 행복한 것은 10대에서 30대 사이에 국한되는 현상이었다. 그래프 20 을 보면 남성과 여성의 안녕지수 차이는 10대부터 30대까지 유지되다가 40대에 이르면 없어진다. 급기야 50대에 이르면 여성의 안녕지수가 남성을 앞지른다. 60대 이상이 되면 남성과 여성 모두 10대를 뛰어넘는 높은 수준의 행복을 경험하게 된다.

U자형 패턴은 남성과 여성 모두에게서 발견되지만 10대 이후 내리닫던 안녕지수가 오름세로 돌아서는 변곡점이 성별에 따라 달랐다. 남성은 40대까지 하락하다가 50대 때 비로소 반등하는 반면, 여성은 20대와 30대에서 최저점을 찍고 40대 때 반등했다.

성별과 연령을 동시에 감안하면 2022년에도 20대와 30대 여성의 행복 수준이 가장 낮았다. 20대 여성과 30대 여성이 안녕지수 하위 지표에서 엎치락뒤치락 접전을 벌였다. 20대 여성은 삶의 만족, 삶의 의미, 긍정정서에서 점수가 가장 낮았고 30대 여성은 스트레스, 부정정서에서 점수가 가장 높았다. 20대 여성에게 2022년은 긍정적인 심리 경험을 잘 누리지 못한 해였다면, 30대 여성에게는 부정적인 심리 경험을 잘 피하지 못한 해였던 것으로 해석할 수 있다.

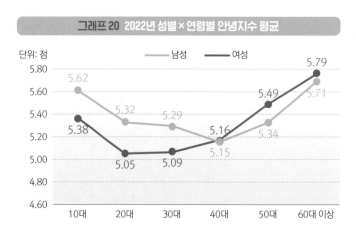

그래프 20 2022년 성별×연령별 안녕지수 평균

경제 위기 속에서 요동친 중장년층의 행복

국내 증시에 한파가 들이치면서 사람들은 대한민국 미래 경제에 대해 비관적인 전망을 내놓았다. 2022년 12월에 국내 여론조사 기관이 공개한 결과에 따르면 경기가 '좋아질 것(낙관론)'이라고 응답한 사람은 전체 13%, '나빠질 것(비관론)'이라고 응답한 사람은 60%, 비슷할 것이라고 응답한 사람은 22%였다(한국갤럽, 2022e). 이는 1월 응답 대비 낙관론은 17% 감소하고, 비관론은 31% 대폭 증가한 것이다(한국갤럽, 2022c).

경제 위기 속에서 과연 누구의 마음 상태가 가장 요동쳤을까? 이를 알아보기 위해 2022년 코스피지수 변화 추이를 각 연령의 안녕지수와 비교해보았다. 그래프 21 에서 회색 막대기는 2022년 월별 코스피 평균값을, 초록색 선과 보라색 선은 각 10~30대와 40대 이상의 월별 안녕지수 평균값을 의미한다. 선의 유형은 성별을 나타내는데 실선은 남성의 안녕지수를, 점선은 여성의 안녕지수를 의미한다.

결론부터 말하면 코스피지수에 따라 40대 이상의 남성과 여성의 행복 수준에 변화가 있었다. 그래프 21 을 통해 확인할 수 있듯이 2022년 1월에 2,800대였던 코스피지수 평균값은 내리닫더니 7월에 2,400 아래로 떨어졌다. 정도의 차이는 있지만 40대 이상의 안녕지수도 연초부터 계속 하락하다 7월에 바닥을 찍었다. 흥미롭게도 코스피 지수가 6월에 매우 큰 폭으로 하락했는데 당시 40대 이상의 안녕

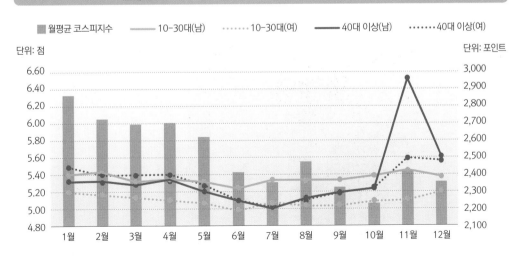

그래프 21 2022년 연령에 따른 월별 안녕지수와 코스피지수 변화

■ 월평균 코스피지수 ── 10-30대(남) ···· 10-30대(여) ── 40대 이상(남) ······ 40대 이상(여)

단위: 점

단위: 포인트

코스피지수 출처: KOSIS 국가통계포털

지수 역시 큰 감소폭을 보였다. 반면 10~30대 남녀의 안녕지수는 변동 폭이 작으며 경기 침체에 따른 변화를 덜 겪는 것으로 보였다 (그래프 21).

행복의 변화 추이가 코스피지수를 따라가는 양상은 매년 나타났을까? 코로나 2년 차인 2021년에는 코스피지수의 상승 또는 하락에 따라 중장년층의 행복 수준이 변화했다고 보기 어려웠다. 심지어 2021년 코스피지수가 상승하는 기간에 40대 이상의 안녕지수가 하락하기도 했다. 오히려 2021년 40대 이상의 행복 수준은 경제 상황보다는 사회적 거리두기 시행에 맞춰 증가하고 감소했다.

2022년 경제 위기는 중장년층의 행복에 큰 변화를 불러일으켰다. 경제 위기가 본인의 노후 준비뿐만 아니라 부모와 자녀에 대한 이중부양 책임을 동시에 짊어지고 있는 중장년층에게 큰 위협으로 다가온 것은 아닐까? 한국의 중장년(만 45~64세) 1,000명을 대상으로 한 조사 결과에 의하면, 노부모와 성인 자녀를 부양하는 비율은 각 79%, 62%였다(한국리서치, 2022). 그리고 노부모와 성인 자녀를 함께 부양하는 비율은 37%였다. 이때 노부모와 성인 자녀를 부양하는 데 가장 큰 어려움으로는 경제적 어려움이 뽑혔다. 즉 노후를 앞두고 있음에도 여전히 가족을 부양해야 하는 중장년층은 경제적인 부담을 만만치 않게 느끼고 있는 것으로 나타났다. 중장년층의 행복 수준에 관심을 기울이는 것은 건강한 가족을 유지하는 지름길이라 해도 과언이 아닐 것이다. 코로나 팬데믹으로부터 다소 자유로워짐과 동시에 경제 위기로 시련을 겪은 중장년층의 행복을 계속 주시할 필요가 있어 보인다.

중장년층의 행복 수준에 관심을 기울이는 것은
건강한 가족을 유지하는 지름길이라 해도 과언이 아닐 것이다.
코로나 팬데믹으로부터 다소 자유로워짐과 동시에
경제 위기로 시련을 겪은 중장년층의 행복을
계속 주시할 필요가 있어 보인다.

Happiness
in 2022

Keyword 3

2022년 행복 달력

요일별 안녕지수와 연말이 행복에 미치는 영향

2022년 안녕지수를 요일별로 비교해보면 어떤 요일에 가장 행복했을까? 반면 어떤 요일에 가장 행복이 낮았을까? 평일과 휴일 중 사람들은 언제 더 행복했을지 알아보았다.

행복은 요일별로 어떻게 달라질까? 그래프 22 를 보면 평일을 지나 주말을 향해 갈수록 안녕지수가 오르며, 주말을 지나 다시 한 주가 시작되는 월요일에 안녕지수가 낮아지는 일상적인 패턴이 유지되고 있음을 확인할 수 있다. 구체적으로 화요일과 목요일에 안녕지수 점수가 가장 낮았고, 주말인 토요일 그리고 일요일의 안녕지수 점수가 높았다. 2022년 행복의 위기 속에도 다행히 주말이 전해주는 행복의 효과가 어느 정도 유지되고 있는 것으로 보인다.

그러나 2021년과 비교해보면 모든 요일의 안녕지수가 하락했다 (그래프 23). 2022년 요일별 행복 점수를 전년도 2021년 요일별 점수와 비교해보면 평일과 주말을 가리지 않고 모든 요일의 행복이 하락했다는 점을 선명히 볼 수 있다.

2022년
요일별 행복

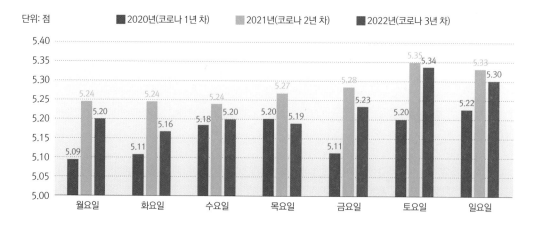

그래프 22 2022년 요일별 안녕지수

단위: 점

요일	안녕지수
월요일	5.20
화요일	5.16
수요일	5.20
목요일	5.19
금요일	5.23
토요일	5.34
일요일	5.30

그래프 23 2020년, 2021년, 2022년 요일별 안녕지수 평균 변화

단위: 점

■2020년(코로나 1년 차) ■2021년(코로나 2년 차) ■2022년(코로나 3년 차)

요일	2020년	2021년	2022년
월요일	5.09	5.24	5.20
화요일	5.11	5.24	5.16
수요일	5.18	5.24	5.20
목요일	5.20	5.27	5.19
금요일	5.11	5.28	5.23
토요일	5.20	5.35	5.34
일요일	5.22	5.33	5.30

월요일 같은 화요일

특히 2022년은 화요일의 행복이 유독 낮았으며 전년도 대비 감소폭이 매우 큰 것을 확인할 수 있다. 보통 주말이나 연휴를 보낸 뒤 일상에 복귀해야 하는 평일은 다른 평일에 비해 전날 대비 행복 감소가 유독 강하게 나타나는 것이 일반적이다. 월요일마다 정신적 피로감을 느끼는 월요병이라는 현상이 있는 것이 그 예라고 할 수 있다. 그런데 2022년은 월요일보다 화요일의 행복이 유독 더 낮았다. 정확한 이유는 알 수 없겠지만, 2022년 한 해 동안의 달력을 자세히 살펴보면 실마리를 찾을 수 있다.

2022년 한 해 중 토요일과 일요일을 제외한 공휴일(대체 공휴일 포함)이 언제였는지 살펴보면 휴일이었던 월요일은 총 6일로 다른 평일보다 연휴가 가장 많은 요일이었다(표1). 휴일을 지나 일상으로 복귀해야 하는 다음 날에 행복이 유독 크게 감소한다는 점을 생각해보면, 유난히 월요일에 휴일이 많았던 2022년에는 월요일 같은 화요일이 많았기에 화요일의 행복이 유독 낮았던 것은 아닐지 추측해볼 수 있다.

표1 **2022년의 휴일이었던 평일 목록**

휴일이었던 월요일	6일	설날 연휴(1월 31일), 현충일(6월 6일), 광복절(8월 15일), 추석 대체휴일(9월 12일), 개천절(10월 3일), 한글날 대체휴일(10월 10일)
휴일이었던 화요일	2일	설날(2월 1일), 삼일절(3월 1일)
휴일이었던 수요일	3일	설날 연휴(2월 2일), 대통령 선거(3월 9일), 지방선거(6월 1일)
휴일이었던 목요일	1일	어린이날(5월 5일)
휴일이었던 금요일	1일	추석 연휴(9월 9일)

가장 행복했던 날은 언제였을까? 2022년 한 해 동안 안녕지수가 가장 높았던 날은 11월 10일(목요일)이었다. 행복한 날 베스트 5를 살펴보면 5일 중 3일이 모두 11월에 들어가 있었고(11월 9일, 10일, 11일) 나머지 이틀은 12월 24일과 1월 1일이었다. 크리스마스이브, 그리고 새해 첫날에 행복지수가 높다는 점은 연휴가 가져다주는 행복이 여전히 유효하다는 점을 다시 한번 확인시켜준다. 그러나 1월 1일을 제외한 행복한 날이 모두 2022년 하반기에 집중되어 있다는 점으로 미루어볼 때 2022년 상반기는 경기 침체와 그로 인한 위기감이 고조되던 시기로 힘든 한 해였으며, 따라서 연휴가 가져다주는 행복의 효과는 대부분 연말이 되어서야 나타난 것으로 보인다. 추가로 2022년 가장 행복하지 않았던 5일은 언제였는지 알아보았다. 가장 행복하지 않았던 5일을 요일별로 살펴보면 월요일이 두 번, 화요일이 두 번, 그리고 목요일이 한 번을 차지했다.

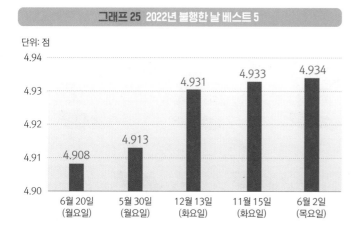

그래프 24 2022년 행복한 날 베스트 5

단위: 점

	11월 10일 (목요일)	11월 9일 (수요일)	12월 24일 (토요일)	1월 1일 (토요일)	11월 11일 (금요일)
점수	6.22	6.08	5.71	5.71	5.69

그래프 25 2022년 불행한 날 베스트 5

단위: 점

	6월 20일 (월요일)	5월 30일 (월요일)	12월 13일 (화요일)	11월 15일 (화요일)	6월 2일 (목요일)
점수	4.908	4.913	4.931	4.933	4.934

어린이날의 위기

5월 5일 어린이날은 카카오같이가치 마음날씨를 통해 안녕지수를 측정해온 이래로 가장 행복했던 날 베스트 5에 늘 속했었다. 단 한 번 예외가 있었는데, 코로나 첫해 2020년 어린이날은 1년 365일 가운데 안녕지수 점수가 무려 258위를 차지했었다. 그러다가 2021년, 즉 코로나 2년 차에는 어린이날이 행복한 날 베스트 5에 다시 안착하며 대한민국의 행복이 회복의 길을 걷고 있다는 사실을 확인했었다. 어린이날의 행복 점수는 해당 연도가 얼마나 행복했는지 혹은 얼마나 불행했는지를 가늠하게 해준다. 한마디로 어린이날의 행복은 대한민국 행복의 바로미터(barometer)가 되는 날이라고 해도 과언이 아니다.

그랬던 어린이날이 행복 베스트 5에서 다시 사라졌다. 2022년 5월 5일 어린이날의 행복 점수는 5.19점으로 2021년 어린이날 행복 점수인 5.76보다 낮아졌으며, 코로나 1년 차(5.05점) 점수에 근접한 수준으로 감소했다(그래프 26).

어린이날은 일 년 365일에 있는 다양한 휴일 중에서도 어른과 아이 모두 행복감이 높은 휴일이다. 소중한 사람들에게 고마움을 전하고 싶은 행복한 가정의 달, 싱그럽고 따뜻한 계절감과 기분 좋게 활동하기 좋은 5월을 가장 대표하는 날이기도 하다. 그런 어린이날이 2022년 행복한 날 베스트 5에서 다시 지워졌다는 점은 대한민국 행복에 위기 신호가 발생했다는 점을 다시 한번 확인시켜준다고 할 수 있다.

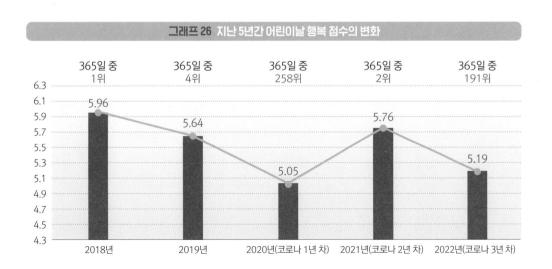

그래프 26 지난 5년간 어린이날 행복 점수의 변화

365일 중 1위	365일 중 4위	365일 중 258위	365일 중 2위	365일 중 191위
5.96	5.64	5.05	5.76	5.19
2018년	2019년	2020년(코로나 1년 차)	2021년(코로나 2년 차)	2022년(코로나 3년 차)

한 해를 마무리하는 12월에 사람들은 "수고했어, 올해도!"와 같은 인사를 주고받으며 서로의 수고를 알아주고 고마움을 표현한다. 동시에 다가올 새해를 기다리며 들뜬 마음으로 지내는 달이기도 하다. 고마움과 기대로 가득한 12월은 다른 달에 비해 행복을 더 많이 경험할까? 코로나 팬데믹을 경험하기 전인 2019년부터 2022년까지 매해 12월은 다른 달에 비해 더 높은 수준의 행복을 누리는 것으로 나타났다(그래프 27).

다만 2021년의 경우, 12월과 1~11월의 평균 안녕지수 간 차이가 없었다. 코로나 이후 사회적 거리두기를 완화했던 2021년 3월부터 6월까지 행복이 높아졌기 때문에 12월과 큰 차이가 없었던 것이다. 2022년의 경우 특히 행복한 12월 효과가 두드러지게 나타났는데, 1월부터 11월 평균 5.23점에서 12월 5.41점으로 0.18점 더 높았다. 2019년부터 2021년까지 매해 12월에 평균적으로 0.03점이 상승하는 것과 비교했을 때, 2022년 12월은 이보다 6배 더 큰 행복을 누린 한 해였다.

행복한 12월의 효과는 모두에게 같을까? 먼저 연령대별로 살펴보면, 10대 청소년과 20, 30대 성인 초기, 그리고 40대 이상 중장년 모두에게서 12월 효과가 나타났다. 특히 40대 이상의 사람들이 12월에 더 큰 행복을 경험하였다. 이러한 효과는 남성에게서 더 크게 나타났다. 40대 이상 남성은 1월부터 11월까지 평균 안녕지수가 5.27점에서 12월에 5.62점으로 약 6.22% 상승한 반면, 40대 이

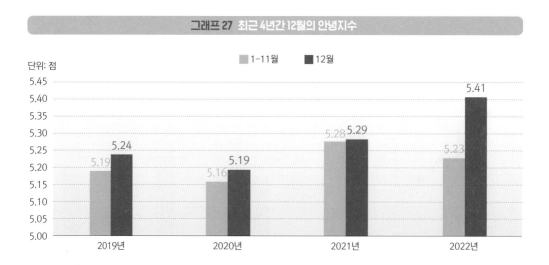

그래프 27 최근 4년간 12월의 안녕지수

단위: 점

■ 1-11월 ■ 12월

- 2019년: 5.19 / 5.24
- 2020년: 5.16 / 5.19
- 2021년: 5.28 / 5.29
- 2022년: 5.23 / 5.41

상 여성은 4.32% 상승하였음을 확인할 수 있다(그래프 28). 40대 이상 여성들의 행복이 상승한 폭 역시 결코 적은 것은 아니다. 그러나 12월에 누리는 행복의 크기는 여성보다 남성에게서 더 컸음을 확인할 수 있다.

대부분의 사람이 행복한 12월을 경험하는 것과 달리 20, 30대 남성은 12월에 행복이 오히려 약간 감소하였다. 감소의 폭은 0.02점으로 크지 않지만, 이들은 12월의 혜택을 누리지 못했다.

12월 한 달 동안 안녕지수는 어떻게 변했을까? 다른 달보다 행복한 12월에 매일매일 행복이 조금씩 상승했을까? 아니면 특정 시점을

그래프 28 성별과 연령대별 12월 효과

남성

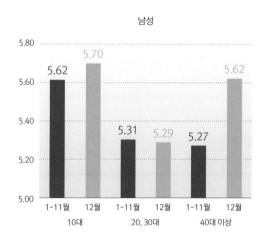

여성

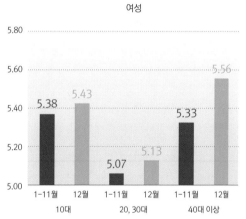

그래프 29 2022년 12월 한 달 동안의 안녕지수 변화

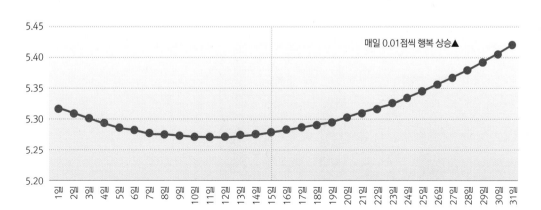

기준으로 행복이 급격히 증가했을까? 2022년 12월 한 달 동안의 행복 궤적을 확인한 결과, 그래프 29 에서 볼 수 있듯이 한 달 내내 행복이 상승한 것은 아니었다. 12월 한 달 중 약 2주(12월 1일~12월 14일) 동안 행복에 큰 변화가 없었지만, 12월 15일부터 점차 행복이 상승하였다. 12월 15일부터 평균적으로 0.01점씩 매일 행복이 증가해 12월 15일 5.28점에서 12월 31일 5.42점으로 0.14점 상승하였다.

일 년 중 12월에는 크리스마스와 한 해의 마지막이라는 행복한 이벤트들이 존재한다. 12월에 행복이 상승하는 효과는 이러한 이벤트 때문은 아닐까? 크리스마스 전날인 12월 24일과 당일인 12월 25일, 이틀간의 크리스마스 연휴 기간 동안 사람들은 다른 날보다 더 행복한 날을 보냈다. 크리스마스 연휴 기간 동안 누리는 행복은 2020년 이후에 점차 커졌다. 2022년 크리스마스 연휴 기간 동안 사람들은 약 0.33점 행복이 상승했는데 이는 2021년, 2020년의 상승폭과 비교했을 때 각각 8.25배, 33배 더 큰 행복을 경험한 것을 확인할 수 있다 그래프 30 .

2022년 12월 크리스마스는 그야말로 행복의 날이었다. 크리스마스 전날인 12월 24일은 2022년 한 해 중 세 번째로 행복한 날(5.71점)이었고, 크리스마스 당일은 31번째로 행복한 날이었다(5.43점). 크리스마스 연휴뿐만 아니라 한 해의 마지막 날인 12월 31일 역시 사람들은 행복을 만끽하였는데, 이날은 365일 중 24번째로 행복한 날이었다.

12월에 행복이 커지는 효과는 크리스마스와 한 해의 마지막이라는 행복한 이벤트 때문은 아닐까?

다른 해에 비해 2022년은 크리스마스 연휴와 마지막 날이 모두 주말이었기에 행복의 크기가 더 컸을 수 있다.

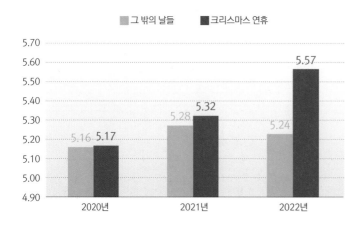

그래프 30 최근 3년간 크리스마스 연휴 동안의 평균 안녕지수

■ 그 밖의 날들　■ 크리스마스 연휴

연도	그 밖의 날들	크리스마스 연휴
2020년	5.16	5.17
2021년	5.28	5.32
2022년	5.24	5.57

다른 해에 비해 2022년은 크리스마스 연휴와 마지막 날이 모두 주말이었기에 그 행복의 크기가 더욱 컸을 수 있다. 12월 24일과 12월 25일은 각각 토요일과 일요일이었고, 12월 31일은 토요일로 모두 주말에 해당한다. 2022년 12월은 행복한 이벤트에 주말 효과까지 더해져 더 큰 행복을 누린 한 달이었다.

Happiness in 2022

Keyword 4

빅 이벤트는
우리의 행복에 어떤 영향을 미쳤을까?

다양한 사회적 사건이 행복에 미친 영향

2022년에는 다양한 사건들이 있었고, 이로 인해 울고 웃는 한 해를 보냈었다. 3월에 있었던 대한민국 20대 대통령 선거, 온 국민이 늦은 밤까지 마음을 졸이며 지켜본 카타르 월드컵, 그리고 모처럼 찾아온 휴일에 발생한 이태원 참사까지, 지난 한 해 동안 우리 사회에서 발생한 사회적 사건들이 우리의 행복에 어떻게 영향을 미쳤는지 살펴보았다.

2022년 3월 9일, 대한민국 제20대 대통령을 선출하는 선거가 실시되었다. 오전 6시부터 시작된 투표는 오후 6시까지 이루어졌고, 곧이어 개표가 시작되었다. 더불어민주당 이재명 후보와 국민의힘 윤석열 후보 양자 간 대결이 치열하게 진행되었고, 0.73%포인트 차이라는 역대 대선 최소 득표차로 윤석열 후보가 당선되었다. 개표율 95%를 넘어설 때까지도 당선자를 확정하지 못할 정도로 초박빙 접전이 이어졌고, 결국 3월 10일 새벽에 이르러서야 당선이 확정되었다. 20대 대선은 사람들의 행복에 어떤 영향을 미쳤을까?

대통령 선거라는 국가적 이벤트가 사람들의 행복에 미치는 영향을 확인하기 위해 두 가지 방식을 사용하였다. 첫째, 대선 당일 오후 6시부터 개표가 시작되었지만, 당선자는 다음 날 새벽에 이르러서야 확정되었기에 대선 다음 날의 안녕지수 평균을 대선 당일과 대선 이전 모든 날의 안녕지수와 비교해서 살펴보았다. 둘째, 당선자가 확정된 대선 다음 날(3월 10일, 목요일)의 안녕지수를 같은 요일(목요일)의 평균적인 안녕지수와 비교하였다.

당선자가 확정된 대선 다음 날의 안녕지수는 평균 5.26점으로 이는 대선 당일(5.34점)이나 대선 전날까지의 안녕지수 평균(5.32점)과 별 차이가 없었다. 그러나 대선 다음 날인 목요일과 같은 요일의 안녕지수 평균인 5.18점에 비해서는 더 높게 나타났다. 목요일은 일주일

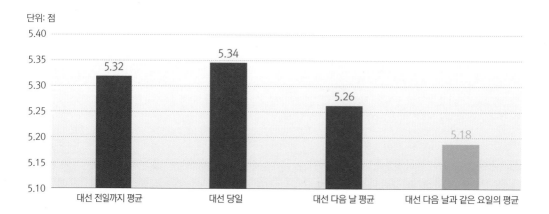

그래프 31 20대 대통령 선거 기간 동안의 안녕지수

단위: 점

	대선 전일까지 평균	대선 당일	대선 다음 날 평균	대선 다음 날과 같은 요일의 평균
점수	5.32	5.34	5.26	5.18

중에 행복이 낮은 요일 중 하나이다. 어쩌면 목요일의 평균 안녕지수가 낮기 때문에 대선 다음 날 사람들의 행복이 올라간 것처럼 보이는 것일 수도 있다. 따라서 목요일 평균 안녕지수와 비교하는 것보다 두 대선 후보를 지지한 지역 및 성, 연령대에 따라 이들의 행복이 어떻게 변했는지 살펴보는 것이 더 의미 있는 분석일 것이다.

지역별 득표율 차이를 그래프 32 에 표시하였다. 보라색(양수)은 윤석열 후보가 더 높은 득표율을 기록했음을 나타내는 반면, 푸른색(음수)은 이재명 후보의 득표율이 더 높다는 것을 나타낸다. 지역별 득표율을 살펴보면, 윤석열 후보는 이재명 후보에 비해 대구광역시와 경북, 경남에서 각각 53.54%, 48.96%, 그리고 20.86% 더 많이 득표한 것으로 나타났다. 반면 전남(-74.66%), 광주광역시(-70.1%), 전북(-68.56%)에서는 이재명 후보가 더 많이 득표한 것으로 나타났다.

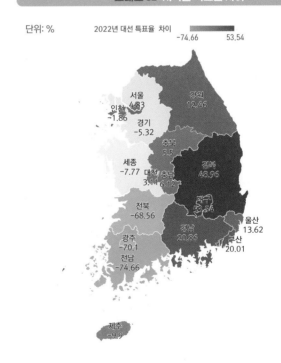

그래프 32 지역별 득표율 차이

단위: %　　2022년 대선 특표율 차이
-74.66　　53.54

서울 4.83
인천 -1.86
강원 12.46
경기 -5.32
충북 5.5
세종 -7.77
대전 3.14
충남 6.12
경북 48.96
전북 -68.56
대구 53.54
울산 13.62
광주 -70.1
경남 20.86
부산 20.01
전남 -74.66
제주 -9.9

두 후보 간 득표율 차이가 가장 적은 지역은 인천광역시(-1.86%)와 대전광역시(3.11%)였다. 이재명 후보의 득표율이 더 높은 지역은 경기도, 광주광역시, 세종특별자치시, 인천광역시, 전라남도, 전라북도, 제주특별자치도 총 7개 지역이었다. 그 밖의 지역은 윤석열 후보의 득표율이 더 높게 나타났다. 당선자가 확정된 대선 다음 날, 윤석열 후보를 더 많이 지지한 지역의 안녕지수 평균은 5.27점인 반면, 이재명 후보를 지지한 지역의 안녕지수는 5.24점으로 나타났으나 두 지역 간 차이는 크지 않은 것으로 나타났다.

대선 다음 날 가장 큰 변화가 있었던 지역은 세종이었다. 대선 전일까지 국내 17개 지역 중 가장 행복한 곳이었으나 당선자가 확정된 3월 10일에는 14위로 급격하게 하락하였고, 안녕지수는 5.54점에서 5.08점으로 약 9% 감소하였다. 세종 지역은 두 후보 간 득표율 차이가 -7.77%로 이재명 후보가 앞선 지역이었다. 득표율 차이는 미미하였지만 당선자 확정 후 행복의 변화 폭은 결코 적지 않았다.

대선 다음 날, 10대 남성 유권자는 웃었다

출구조사 결과, 윤석열 후보를 가장 많이 지지한 연령대는 60대였다. 60대 남성과 여성 모두 압도적으로 윤석열 후보를 지지하였다. 반면 20대 이하 유권자의 경우 남성과 여성이 서로 다른 후보를 지지한 것으로 나타났다. 20대 이하 남성의 58.7%는 윤석열 후보를 지지하는 반면, 20대 이하 여성 중 58%는 이재명 후보를 지지하였다(연합뉴스, 2022). 당선자가 확정된 대선 다음 날, 과반수 이상이 윤석열 후보를 지지한 20대 이하 남성의 행복은 과연 높아졌을까? 20대 이하 남성의 행복은 대선 전날까지 평균 5.46점에서 대선 다음 날 5.42점으로 별 차이가 없었다. 10대 남성 유권자를 제외한 20대 남성만을 분석한 결과, 대선 전날까지 안녕지수는 5.40점이었고 대선 당일 5.50점, 그리고 당선자가 확정된 대선 다음 날 5.39점으로 행복에 차이가 없는 것으로 나타났다.

그러나 흥미롭게도 만 18세와 만 19세에 해당하는 10대 유권자 남성의 행복은 당선자 확정 이후에 높아진 것을 확인할 수 있었다. 대선 다음 날 10대 유권자 남성의 안녕지수 평균은 5.80점으로 이는 대선 전일까지의 평균(5.37점)과 대선 당일의 안녕지수 평균(4.58점)보다 높았다. 반면 10대 여성은 대선 다음 날 안녕지수 평균이 4.94점으로 대선 당일(4.99점)에 비해 다소 감소하였지만, 대선 전일까지의 평균과는 차이가 없었다.

2019년 선거법 개정으로 이번 20대 대선에서 처음으로 10대 청소년 유권자들의 투표가 이루어졌다. 그래프34 에서 볼 수 있듯이, 만 18

그래프 33 10대 남성과 여성의 20대 대통령 선거 기간 동안의 안녕지수

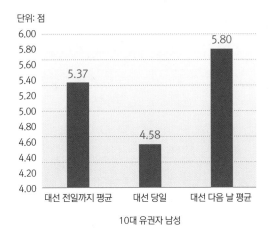

단위: 점

10대 유권자 남성

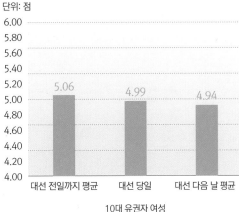

단위: 점

10대 유권자 여성

세와 19세의 10대 유권자들은 전체 유권자 비율 중 2.2%로 소수이지만, 투표율은 오히려 20대와 30대보다 더 높게 나타나 처음으로 치르는 대선에 적극적으로 참여했음을 보여준다. 그러나 대선을 치른 다음 날 10대 유권자의 행복은 극명히 갈렸다. 당선자가 확정된 3월 10일, 10대 여성 유권자들의 행복은 4.94점으로 2022년 한 해 동안 불행한 날(4.93점)과 비슷하였다. 반면 10대 남성 유권자들은 2022년 중 세 번째로 행복한 날인 12월 24일 크리스마스이브(5.71점)보다 더 높은 수준의 행복을 누렸다.

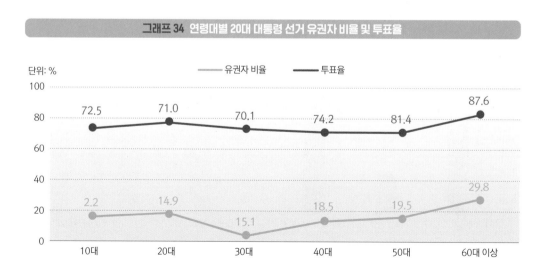

그래프 34 연령대별 20대 대통령 선거 유권자 비율 및 투표율

기적 같은 역전승과 16강 진출이 선사한 행복

2022년 한 해 가장 기억에 남는 이벤트를 꼽으라면 단연 카타르 월드컵일 것이다. 12년 만에 16강에 진출함과 동시에 포르투칼과의 경기에서 보여준 역전골은 그야말로 각본 없는 드라마와 같았다. 비록 브라질과의 16강전을 끝으로 대한민국의 경기는 종료되었지만, 경기를 치르는 내내 우리 선수들의 꺾이지 않는 마음에 모두가 행복한 시기였다.

한국은 총 4차례 경기를 치렀다. 조별리그 첫 경기(11월 24일)에서 우루과이를 상대로 무승부를 기록하였다. 첫 경기가 무승부로 끝난 만큼 두 번째 경기에서 승리는 더욱 절실했지만 2차전(11월 28일) 가나를 상대로 3 대 2로 패했다. 포르투칼과의 3차전 경기(12월 3일)는 16강 진출을 결정짓는 중요한 경기였으나 한국의 승리를 예상하는 이는 매우 적었다. 슈퍼컴퓨터가 예측한 3차전 예상 결과는, 포르투칼이 승리할 확률이 58.4%, 대한민국이 승리할 확률은 고작 19.3%였다. 짜릿한 역전골로 승리를 한 상황에서도 우루과이와 가나의 경기가 끝날 때까지 8분간 마음을 졸이며 기다릴 수밖에 없었다. 마침내 16강 진출이 확정되자 그제야 웃을 수 있었다. '행복'이라는 말을 이처럼 많이 주고받았던 날도 없었다. 2022년 한 해 중 가장 행복한 날로 예상되는 카타르 월드컵 기간에 실제로 우리의 행복은 어떠했는지 안녕지수를 통해 알아보았다.

대통령 선거와 마찬가지로 1차전과 2차전의 경우, 각 경기 전날까지의 평균 안녕지수를 경기 당일, 그리고 경기 다음 날과 비교하였다. 1, 2차전은 밤 10시에 경기를 시작하여 12시경에 경기가 끝났

기 때문에 경기 결과에 따른 행복을 분석하기 위해서는 경기 다음 날의 행복과 비교할 필요가 있다. 다만, 조별리그 3차전과 16강전은 각각 새벽 0시와 4시에 경기를 시작했기 때문에 경기 당일의 행복을 살펴보는 것이 적절하다. 이와 함께 경기 다음 날(1, 2차전)과 당일(3차전, 16강전)과 같은 요일의 안녕지수와 비교하였다.

1, 2차전의 경우 경기 전날까지의 평균, 경기 당일, 그리고 경기 다음 날의 평균에 차이가 없었다. 비록 1차전에서 무승부를 기록했고 2차전에서는 가나에 패하긴 했지만, 여전히 16강 진출에 대한 희망이 있었기 때문에 행복에 큰 변화가 없었을 것이라 추측해볼 수 있다. 1, 2차전과 달리, 기적 같은 역전승을 이뤄낸 3차전 포르투칼과의 경기 결과는 사람들의 행복을 높여주었다. 경기 전날까지의 평균 안녕지수인 5.23점과 비교했을 때, 경기 직후 12월 3일(토)의 행복은 5.51점으로 분명히 향상되었다. 승리의 기쁨과 함께 주말이 주는 행복의 긍정적인 혜택까지 더해져 사람들을 더욱 행복하게 만들었을 수 있다. 곧이어 진행된 브라질과의 16강전 경기는 1 대 4로 크게 패했다. 그러나 아쉬움도 잠시, 브라질전을 끝으로 카타르 월드컵을 마무리하면서 "그대들 덕분에 행복했다"는 말로써 서로 행복을 나누었다. 브라질과의 경기에 패한 이후에 행복이 높아지는 현상은 월드컵이 끝난 후 고마움과 행복한 마음을 나누며 나타난 것이라고 짐작해볼 수 있을 것이다.

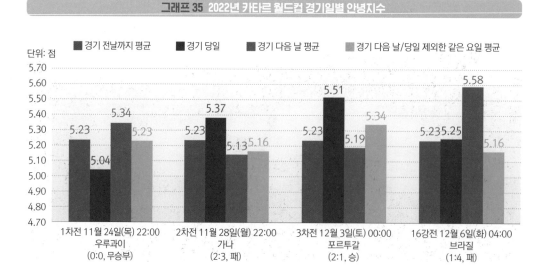

그래프 35 2022년 카타르 월드컵 경기일별 안녕지수

행복 월드컵

2022년 11월 20일부터 시작된 월드컵은 12월 18일에 막을 내렸다. 대한민국의 경기 외에도 다른 팀들의 경기에도 사람들의 관심이 쏠렸다. 특히 아르헨티나와 프랑스의 결승전은 새벽에 진행되었음에도 방송사별 시청률 합계가 16.8%에 이를 정도로 높은 관심을 보였다. 카타르 월드컵에 대한 높은 관심만큼 사람들의 행복도 높아졌을까? 카타르 월드컵 기간의 평균 안녕지수는 5.28점으로 월드컵 기간을 제외한 2022년 안녕지수 평균값인 5.23점에 비해 더 높게 나타났다(그래프 36).

카타르 월드컵 기간에 특히 누가 더 높은 행복을 경험했을까? 카타르 월드컵 기간과 그 외 기간의 행복의 차이를 성, 연령대별로 나누어 살펴보았다. 앞서 살펴봤듯이 대부분의 사람들이 카타르 월드컵 기간 동안 행복이 높아졌다. 그러나 그래프 37 에서 볼 수 있듯이, 카타르 월드컵이 주는 행복의 혜택은 50대 이상 남성에게서 두드러지는 것으로 나타났다. 50대 이상 남성의 경우 카타르 월드컵이 아닌 기간 동안 평균 안녕지수 5.44점에서 월드컵 기간에 6.77점으로 1.33점(약 24%) 상승한 것으로 나타났다. 1.33점은 2022년 한 해 동안 가장 행복한 날(6.22점)과 가장 불행한 날(4.91점) 간 차이보다도 더 큰 것으로, 50대에게 카타르 월드컵이 진행된 11월과 12월 동안만큼은 경제 위기로 인한 좌절과 코로나 감염에 대한 불안에서 벗어나 희망과 행복을 만끽할 수 있었던 기간이었다.

그래프 36 카타르 월드컵 기간의 안녕지수

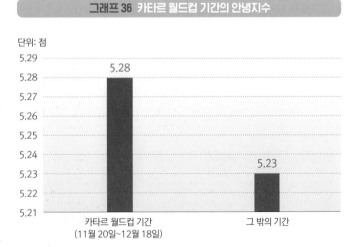

단위: 점

■ 카타르 월드컵 기간　■ 그 밖의 기간

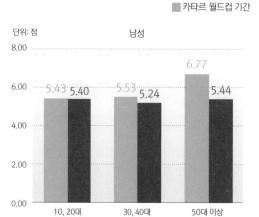

단위: 점　남성

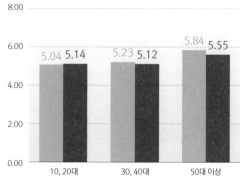

단위: 점　여성

이태원 참사, 3년의 기다림이 슬픔이 되다

2022년 한 해, 행복했던 하루를 꼽는다면 대부분의 사람들이 포르투칼과의 3차전에서 짜릿한 역전승을 기록했던 날을 떠올릴 것이다. 반면 2022년 중 가장 슬펐던 날을 떠올린다면 많은 사람이 이태원 참사를 생각할 것이다. 2022년 한 해 동안 사람들이 가장 관심을 가진 검색어를 살펴보면, 카타르 월드컵에 이어 이태원 참사가 5위를 기록했다. 국내뿐만 아니라 해외에서도 이태원 참사에 대해 빠르게

표 2 2022년 구글 올해의 검색어

1위	기후 변화
2위	이상한 변호사 우영우
3위	초단기 강수 예측
4위	2022 FIFA 카타르 월드컵
5위	**이태원 사고**
6위	토트넘 대 K-League XI
7위	수리남
8위	우크라이나
9위	로스트아크
10위	스승의 날

출처: https://trends.google.com/trends/yis/2022/KR/

보도하였다. 매해 10월 31일, 사람들은 저마다 의상과 소품을 준비해서 할로윈을 즐긴다. 전 세계에서 즐기는 할로윈에 한국에서 수많은 사망자가 발생한 참사였기에 그만큼 해외에서도 주목하였다.

한국에서는 10월 마지막 주말, 할로윈을 즐기기 위해 많은 사람이 이태원을 방문한다. 그런데 코로나의 장기화와 함께 사회적 거리두기가 시행되는 동안 할로윈 축제를 즐기기 어려워졌다. 그러나 2022년은 달랐다. 그래프38 은 2019년부터 2022년 할로윈 데이(10월 마지막 주말)의 안녕지수를 나타낸다. 사회적 거리두기와 함께 실외

그래프 38 최근 4년간 할로윈 데이 안녕지수

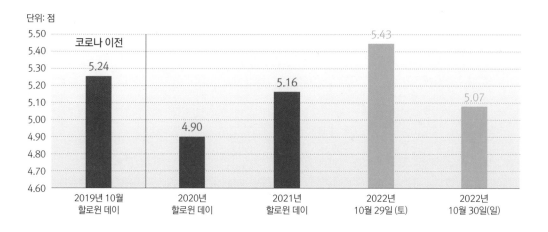

단위: 점

2019년 10월 할로윈 데이	2020년 할로윈 데이	2021년 할로윈 데이	2022년 10월 29일 (토)	2022년 10월 30일(일)
5.24 (코로나 이전)	4.90	5.16	5.43	5.07

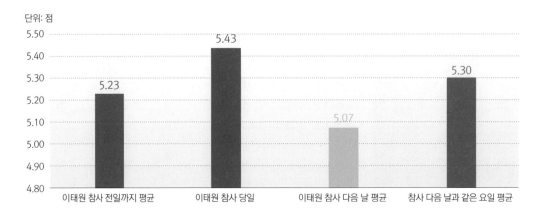

단위: 점

이태원 참사 전일까지 평균	이태원 참사 당일	이태원 참사 다음 날 평균	참사 다음 날과 같은 요일 평균
5.23	5.43	5.07	5.30

마스크 착용 의무가 해제된 이후 3년 만에 처음 열리는 할로윈 축제
에 사람들의 기대와 설렘이 한껏 고조되어 있음을 확인할 수 있다.

할로윈을 즐길 생각에 높아진 행복은 그리 오래가지 못했다. 10월
29일 오후 10시경 이태원에서 사고가 발생했다는 속보를 시작으로
사상자가 점차 늘어나더니 하룻밤 새 300여 명의 사상자가 발생했
다는 믿기 어려운 뉴스가 전해졌다. 서울 한복판에서 발생한 대규모
참사에 사람들은 슬픔에 빠졌다. 이태원 참사 다음 날인 10월 30일
의 안녕지수는 5.07점으로 참사 당일과 같은 요일 평균에 비해 다
소 낮은 것으로 나타났다(그래프 39). 10월 30일의 안녕지수는 2022년
365일 중에 311위를 차지할 정도로 낮았다.

또래층의 행복 하락이 더 컸던 이태원 참사

이태원 참사 희생자들의 연령을 조사한 결과, 가장 어린 희생자는 만 15세였고 가장 연령이 높은 희생자는 53세였다. 희생자들 가운데 약 67%가 20대였다(손가영, 2022). 이태원 참사 당일인 10월 29일에 비해 사상자에 대한 소식이 전해진 10월 30일에 사람들의 행복이 전반적으로 감소하였다. 이태원 참사로 인한 행복의 하락은 또래인 10대와 20대에게서 더 크게 나타났을까? 아니면 희생자들과 같은 연령대의 자녀를 둔 30, 40대들의 행복 하락이 더 크게 나타났을까?

그래프 40 에서 볼 수 있듯이, 이태원 참사 다음 날 30, 40대 응답자에 비해 희생자와 같은 또래인 10, 20대 응답자의 행복이 더 많이 감소하였다. 10, 20대 남성은 참사 당일 안녕지수가 5.27점에서 참사 다음 날 4.84점으로 약 8% 감소하였고, 여성 응답자 역시 약 8.9% 행복이 낮은 것으로 나타났다. 반면 30, 40대 남성 응답자와 여성 응답자들은 각각 3%와 4.9% 행복이 감소하였다.

이태원 참사로 인한 행복의 감소는 희생자들과 또래인 10, 20대에게서 더 크게 나타났다. 본 조사는 이태원 참사 당일과 참사 다음 날 모두 응답한 사람들을 대상으로 한 것이 아니다. 이태원 참사 전후에 행복이 감소했을 수도 있지만 참사 다음 날에 행복이 낮은 사람들이 유독 몰렸기 때문에 나타난 결과일 수도 있으므로 해석에 주의가 필요하다. 그러나 한 가지 분명한 점은 10, 20대가 경험하는

그래프 40 성별과 연령대에 따른 이태원 참사일별 안녕지수

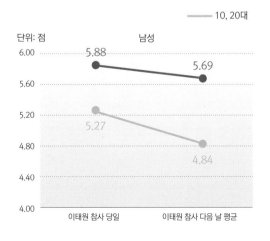

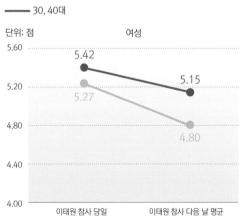

슬픔은 10월 30일 하루에 그친 건 아니라는 것이다. 10월 30일부터 11월 30일까지 32일 동안 10, 20대 응답자들의 행복이 5점이 채 되지 않는 날은 11일이었다. 반면 30, 40대는 단 4일에 불과했다. 2022년 한 해 동안 안녕지수 평균이 5.24점이었고, 2022년 한 해 중 가장 불행한 날이 4.91점을 고려한다면 10, 20대들은 참사 이후 한 달 중 1/3은 불행을 경험했다.

10월 29일 오후 10시경 이태원에서 사고가 발생했다는 속보를 시작으로
사상자가 점차 늘어나더니 하룻밤 새 300여 명의 사상자가 발생했다는
믿기 어려운 뉴스가 전해졌다. 서울 한복판에서 발생한 대규모 참사에
사람들은 슬픔에 빠졌다.

Happiness in 2022

Keyword 5

2022년 지역별 마음날씨

대한민국 지역별 안녕지수

마스크를 벗는 사람이 늘어남에도 여전히 지속되는 코로나에 경제적 위기까지 겹친 2022년은 위태로운 한 해였다. 이를 보여주듯 안녕지수는 지난 2021년에 비해 감소하였다. 지속되는 위기 속에서 지역별 행복은 어땠는지 알아보았다.

해외 지역 거주자를 포함하여 총 18개 지역에 거주하고 있는 사람들의 행복을 비교한 결과, 2022년 가장 행복한 곳은 세종특별자치시로 나타났다(). 세종특별자치시는 2018년부터 2022년까지 5년간 꾸준하게 1위를 차지하였다. 전체 안녕지수 외에도 삶의 만족감, 삶의 의미, 그리고 긍정적인 정서가 모두 가장 높게 나타났다.

세종특별자치시 다음으로 행복한 곳은 해외 지역이었다. 해외 지역 거주자들은 2021년에 이어 2022년에도 두 번째로 가장 행복한 것으로 나타났다. 해외 지역 거주자들의 안녕지수는 5.36점으로 국내 17개 지역의 평균적인 안녕지수인 5.23점보다 약 0.13점 높게 나타났다. 0.13점이라는 점수 차이가 미미한 것으로 느껴진다면, 2022년 한 해 동안 주말과 주중의 안녕지수 차이를 생각해보라. 주말과 주중의 안녕지수 차이는 0.13점을 고려한다면 다르게 느껴질 수 있다. 국내 지역 거주자들이 월화수목금금금을 보내는 것과 달리, 해외 지역 거주자들은 매일 주말과 같은 수준의 행복을 경험하고 있는 것이다.

예측할 수 없는 상황 속에서도 여전히 맑은 세종과 해외

그래프 41 2022년 지역별 안녕지수

단위: 점

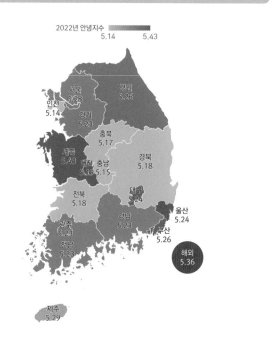

모두가 행복한 세종과 제주, 여성이 행복한 해외

같은 지역이라고 하더라도 성과 연령에 따라 행복에 차이가 있을까? 그렇다면 남성이 가장 행복한 지역과 여성이 가장 행복한 지역은 각각 어느 곳일까? 연령에 따라서는 어떤 차이가 있을까? 성과 연령에 따라 지역별 행복이 달라지는지 알아보았다. 그래프42 에서 볼 수 있듯이, 세종특별자치시는 남성과 여성 모두 가장 행복한 지역으로 나타났다. 세종은 40대를 제외하고, 10대부터 60대 이상까지 모든 연령대에서 행복이 가장 높게 나타난 지역이기도 하다(40대가 가장 행복한 곳은 해외 지역이었다). 1위를 제외하고 2, 3위는 남성과 여성이 다르게 나타났다. 남성의 경우 제주특별자치도와 강원도가 세종의 뒤를 이었지만, 여성은 해외, 제주 순으로 나타났다.

지역별 행복을 성과 연령별로 나누어 살펴보면 해외 지역 거주자들이 모두 행복한 건 아니라는 것을 확인할 수 있다(표3). 특히 해외 지역에 거주하는 10대의 행복은 결코 안녕하지 못한 것으로 나타났다. 전체 18개 지역 중 10대 남성과 여성의 행복이 가장 낮은 곳이 바로 해외 지역으로 나타났기 때문이다. 거주 기간을 알지 못하므로 해외 지역에 거주하는 10대 청소년들이 행복을 상실한 이유에 대해 설명하는 것에 대한 주의가 필요하다. 그러나 어쩌면 청소년 시기에 우리와 다른 새로운 문화에 적응하는 과정에서 경험하는 어려움이 이들의 행복을 저해했을 것이라고 짐작할 수 있다.

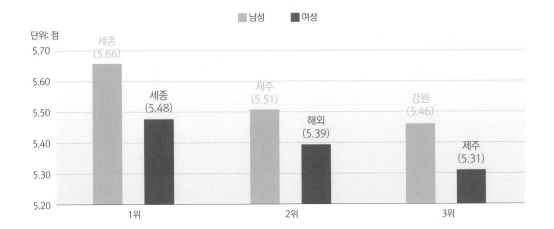

그래프 42 성별 가장 행복한 지역 Top 3

성인기에 해외 지역에 거주하는 사람들의 행복 양상은 10대와 다르게 나타났다. 성별에 따라 다르게 나타난 것인데, 20대 남성의 행복은 18개 지역 중 최하위를 기록했다. 반면 해외 지역에 거주하는 20, 30, 40대 여성은 높은 수준의 행복을 경험하고 있었으며 특히 30, 40대 여성의 행복은 18개 지역 중 가장 높게 나타났다. 개선을 위해 노력 중이지만 여전히 남아 있는 남성 중심적인 한국 사회를 벗어난 여성들이 보다 높은 수준의 행복을 경험하고 있었다. 이는 5년 전에 조사한 2018년과 동일한 결과이다.

세종이나 해외 지역처럼 행복한 지역으로 이사를 가면 나도 행복해질 수 있을까? 지역별 안녕지수는 지역 간 행복의 차이를 보여줄 뿐이다. 해당 지역에서의 거주 기간이나 지역별 특성을 전혀 고려하지 않고 있으므로 지역 자체가 사람들의 행복의 차이를 가져왔다고 해석할 수 없다. 또한 행복한 지역으로 이사를 했기 때문에 행복이 높아질 수도 있지만, 행복한 사람들이 세종이나 해외 지역에 거주할 가능성 역시 존재하기 때문에 이를 확인하기 위해서는 보다 정교한 연구가 필요하다. 본 조사 결과만으로는 지역 자체가 행복 차이의 원인이라고 결론 내릴 수 없다. 따라서 행복한 지역으로 거주지를 옮기면 행복이 높아질 것이라고 기대하는 것은 무리다.

표 3 연령대, 성별에 따른 가장 행복한 지역과 불행한 지역 Top 3

	10대		20대		30대		40대		50대		60대 이상	
	여성	남성	여성	남성	여성	남성	여성	남성	여성	남성	여성	남성
Best 1위	대구	제주	세종	전북	해외	세종	해외	세종	세종	세종	세종	세종
Best 2위	세종	세종	부산	울산	세종	제주	세종	해외	해외	해외	해외	해외
Best 3위	제주	경남	해외	세종	서울	전북	제주	대전	전남	강원	전남	강원
Worst 1위	해외	해외	충남	해외	충남	대구	경북	경북	인천	울산	인천	울산
Worst 2위	전북	서울	전북	광주	경북	충남	충북	충남	경북	부산	울산	부산
Worst 3위	전남	대구	인천	인천	전남	인천	인천	충북	충남	대구	경북	대구

큰 일교차를 경험하고 있는 충청북도

2021년과 비교했을 때 각 지역의 마음날씨는 어떻게 변했을까? 코로나와 경제 위기라는 이중고를 경험한 2022년은 18개 지역 모두 2021년에 비해 안녕지수가 감소한 것으로 나타났다. 이들 지역 중 주목할 만한 곳은 바로 세종특별자치시와 충청북도이다. 세종은 안녕지수가 가장 높은 지역이면서 동시에 행복이 가장 큰 폭으로 감소한 지역이기도 하다. 세종 지역을 제외한 17개 지역에서 평균적으로 0.05점 감소한 것에 비해 세종은 0.14점 감소해 행복 감소의 폭이 약 3배 더 큰 것으로 나타났다.

세종 다음으로 크게 감소한 지역은 충북이다. 충북 지역은 안녕지수 순위 변화가 가장 큰 지역이기도 하다(그래프 43). 2021년 충북의 행복은 18개 지역 중 9위였으나 2022년에는 16위를 기록하였다. 2022년 한 해 동안 충북 지역에는 무슨 일이 있었기에 이처럼 행복이 큰 폭으로 감소한 것일까? 그래프 44 는 2021년 대비 2022년 충북 지역의 월별 안녕지수 변화를 보여주고 있다. 그래프에서 나타나 있듯이, 충북 지역의 안녕지수 감소는 5월과 6월에 특히 두드러지는 것을 확인할 수 있다. 여러 가지 이유가 있을 수 있지만 한 가지 가능성은 충북 지역이 경험하고 있는 경제 위기에서 찾아볼 수 있다.

그래프 43 2021년 대비 2022년 안녕지수 순위 변화

2021년 대비 2022년 순위 변화
-7   3

서울 2
인천 0
강원 0
경기도 0
충북 -7
세종 0
대전 2
충남 -1
경북 2
대구 3
전북 -1
광주 2
경남 -1
울산 -4
부산 1
전남 2
해외 0
제주 0

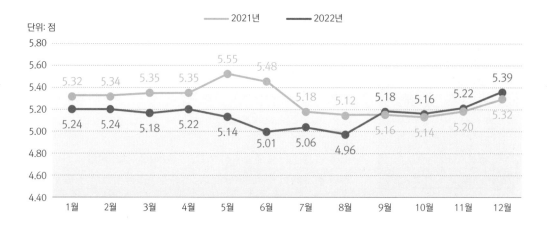

단위: 점

| | 2021년 | 2022년 |

5.80
5.60
5.40
5.20
5.00
4.80
4.60
4.40

2021년: 5.32, 5.34, 5.35, 5.35, 5.55, 5.48, 5.18, 5.12, 5.18, 5.16, 5.22, 5.32
2022년: 5.24, 5.24, 5.18, 5.22, 5.14, 5.01, 5.06, 4.96, 5.16, 5.14, 5.20, 5.39

1월 2월 3월 4월 5월 6월 7월 8월 9월 10월 11월 12월

2022년 2/4분기 전국 실업률은 전년 대비 0.9%포인트 하락한 반면, 충북 지역은 0.2%포인트 증가하였고, 특히 30대부터 50대까지 중장년층의 실업률은 0.7%포인트 증가하였다(통계청, 2022). 게다가 충북 지역의 전년 대비 실업자는 4월에 증가하기 시작해서 7월까지 약 4개월 동안 빠짐없이 증가한 것으로 나타났다(한국은행, 2022). 충북 지역에서 행복이 가장 크게 감소한 사람들은 10대 남성과 50대 남성이었다. 충북의 10대 남성은 전년 대비 행복이 약 10% 감소하였고, 50대 남성은 약 8.6% 감소하였다. 충북의 경제적 상황만으로 이들의 행복이 감소한 이유를 설명하기에는 불충분할지도 모른다. 그럼에도 이들의 행복이 감소한 이유에 대해 고민을 해야만 하는 이유가 있다. 이들은 전년 대비 행복이 큰 폭으로 감소했을 뿐만 아니라 주말이 주는 행복의 혜택 역시 누리지 못하고 있기 때문이다.

세종이나 해외 지역처럼 행복한 지역으로 이사를 가면 나도 행복해질 수
있을까? 지역별 안녕지수는 지역 간 행복의 차이를 보여줄 뿐이다. 해당
지역에서의 거주 기간이나 지역별 특성을 전혀 고려하지 않고 있으므로
지역 자체가 사람들의 행복의 차이를 가져왔다고 해석할 수 없다.

서울대학교 행복연구센터 × 카카오같이가치 × 유캔두

100일간 행복을 기록하는
두 번째 시간

Korea Happiness Report

지난 2021년 3월부터 6월까지 서울대학교 행복연구센터와 카카오는 '프로젝트 100: 100일간 행복 기록'을 통해 매일매일 자신의 행복을 기록하는 프로젝트를 진행했다. 첫 번째 프로젝트에 이어서 2021년 12월 1일부터 2022년 3월 10일까지 또 한 번 100일간 행복을 기록하는 프로젝트를 진행하였고, 100일 동안 참여자들의 행복이 어떻게 변했는지 그 결과를 함께 살펴보자.

100일 동안 행복을 기록한 사람들

100일간 행복을 기록하는 두 번째 프로젝트는 2021년 12월부터 2022년 3월까지 약 3개월간 진행되었다. 전체 참여자는 386명이었고, 이 중 자료 수집 및 제공에 동의한 참여자 수는 총 144명이었다. 참여자들은 100일 동안 카카오같이가치에서 제공하는 카카오같이가치 마음날씨를 통해 자신의 안녕지수를 기록하고, 유캔두 앱에 인증하였다. 프로젝트가 종료된 후에 모든 참여자에게 행복의 변화를 분석한 개인 보고서를 제공하였다.

참여자들 중 성별 정보에 응답한 140명 가운데 여성은 131명(93.6%)이었고, 남성은 9명(6.4%)으로 나타나 대부분의 참여자가 여성임을 확인할 수 있었다. 또한 연령 정보를 제공하지 않은 11명을 제외하고 참여자들의 연령대를 살펴본 결과, 30대가 32.3%로 가

그림 1 100일간 행복 기록 프로젝트 참여자들에게 제공된 개인 보고서

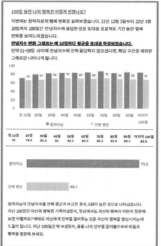
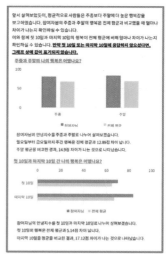

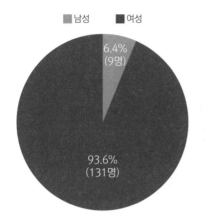

■ 남성　■ 여성

6.4%
(9명)

93.6%
(131명)

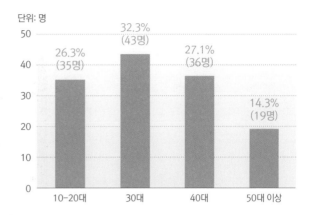

단위: 명

26.3%
(35명)

32.3%
(43명)

27.1%
(36명)

14.3%
(19명)

10-20대　30대　40대　50대 이상

장 많았고, 다음으로 40대 27.1%, 10대와 20대 26.3%, 50대 이상 14.3% 순으로 나타났다. 참여자들은 100일간 평균적으로 몇 번이나 행복을 기록했을까? 기록 빈도를 확인한 결과, 최소 1회부터 최대 102회에 이르는 것으로 나타났다. 참여자들은 평균적으로 50회를 기록하였고, 전체 참여자들 가운데 약 30%는 70회 이상 안녕지수를 측정하고 기록하였다.

100일 동안 행복은 어떻게 변했을까?

프로젝트 참여자들은 0점부터 10점으로 구성된 척도상에 안녕지수를 응답했다. 그러나 해석의 용이성을 위해 100점으로 변환하여 프로젝트 기간 동안 참여자들의 안녕지수를 살펴보고자 한다. 프로젝트 기간 동안 참여자들의 평균 안녕지수는 68.1점이었다. 점수대별 분포를 살펴보면, 그래프2 에서 볼 수 있듯이, 50점대를 기준으로 우측에 조금 더 많은 참여자들이 분포하고 있다는 것을 확인할 수 있

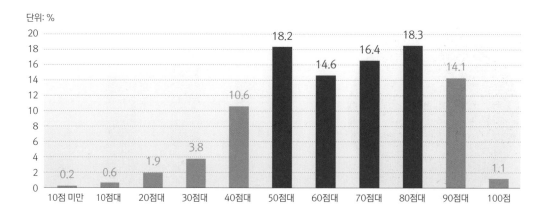

그래프 2 100일간 행복 기록 참여자들의 안녕지수 점수대별 분포

단위: %

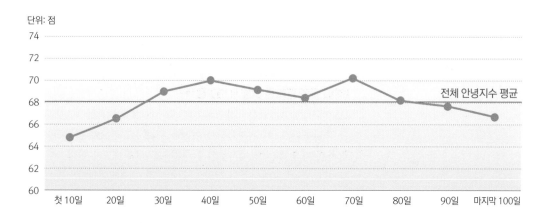

그래프 3 100일간 안녕지수 변화 추이

단위: 점

전체 안녕지수 평균

다. 전체 참여자들 중 67.5%가 50점 이상 80점 이하에 해당하는 것
으로 나타났다. 각 점수대별로 상세히 살펴보면 80점대가 18.3%로
가장 많은 사람이 분포하고 있었고, 그다음으로 50점대가 18.2%,
70점대가 16.4%, 그리고 60점대가 14.6%로 나타났다. 90대 이상
의 최고 안녕집단은 약 15%인 반면, 40점대 이하는 약 17%를 차지
하는 것을 확인할 수 있었다.

참여자들의 안녕지수 변화를 10일 간격으로 나누어 살펴보면
(그래프3), 프로젝트 첫 10일부터 40일까지 안녕지수가 지속적으로

상승하는 것을 확인할 수 있다. 70일이 지난 후에 다소 감소하였으나, 전체적으로 프로젝트 시작 직후에 상승한 안녕지수가 꾸준하게 유지되고 있는 것으로 나타났다. 첫 10일(1~10일) 동안 평균 안녕지수는 64.86점인 반면, 마지막 10일(91~100일) 동안 평균 안녕지수는 66.78점으로 나타나 마지막 10일 동안 처음에 비해 다소 더 높은 안녕지수를 유지한 채 프로젝트가 종료되었음을 확인할 수 있다.

100일 중 무슨 요일에, 그리고 어떤 날에 가장 행복했을까?

이번에는 참여자들의 요일별 안녕지수를 살펴보자. 예상할 수 있듯이, 일주일 중 가장 행복한 요일은 바로 토요일(69.5점)이었고, 그 다음이 일요일(68.49점)로 나타났다 (그래프 4). 주말 평균 안녕지수는 69.0점으로 주중 평균 안녕지수인 67.7점에 비해 약 1.3점 높게 나타났다. 일주일 중 가장 행복이 낮았던 날은 수요일(67.18점)이었다. 이는 일주일 중 가운데 위치한 날로, 수요일만큼은 자신의 행복을 돌보기 위해 조금 더 노력할 필요가 있다는 것을 보여준다.

100일 중 참여자들의 행복이 가장 높았던 날과 그렇지 않았던 날은 언제였을까? 프로젝트를 하는 100일 동안 가장 행복했던 3일은 12월 연말과 새해 첫날이 차지하였다. 한 해를 마무리하고 새로운 해를 시작할 때 사람들의 행복 수준은 매우 높게 나타났음을 확인할 수 있었다. 반면 행복이 가장 낮은 3일은 프로젝트 1, 2일차가 포함되어 있다. 이는 역설적으로 프로젝트를 시작한 이후에 행복의 평균이 상승했다는 것을 의미한다.

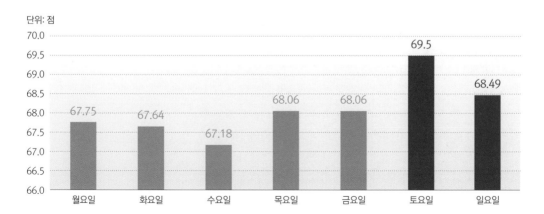

그래프 4 100일간 행복 기록 프로젝트 참여자들의 요일별 안녕지수 평균

단위: 점

요일	안녕지수
월요일	67.75
화요일	67.64
수요일	67.18
목요일	68.06
금요일	68.06
토요일	69.5
일요일	68.49

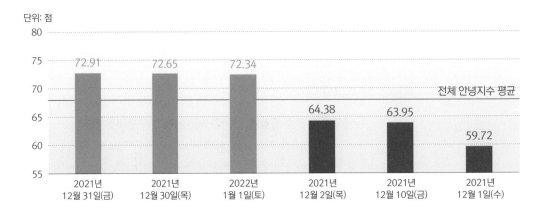

단위: 점

전체 안녕지수 평균

72.91 — 2021년 12월 31일(금)
72.65 — 2021년 12월 30일(목)
72.34 — 2022년 1월 1일(토)
64.38 — 2021년 12월 2일(목)
63.95 — 2021년 12월 10일(금)
59.72 — 2021년 12월 1일(수)

행복을 기록해야만 하는 이유

100일간 행복을 기록하는 것은 매우 수고스러운 일일 수 있다. 자신의 소비 내역도 모바일 앱을 통해 자동으로 기록되는 요즘에 매일매일 행복에 응답하고 이를 유캔두(ucando) 앱에서 인증하는 것은 결코 쉽지 않다. 그럼에도 144명의 참여자들은 꾸준히 자신의 행복을 체크하고 이를 기록하였다. 꾸준한 운동이 체력을 길러주듯이 매일매일 행복을 점검하고 기록하는 참여자들의 행복을 높이는 데 도움이 될 수 있다. 이는 이후에 살펴볼 100일간 행복을 기록하는 시간에 참여한 참여자들만의 이야기는 아니다. Roessler와 Gloor(2021)는 직장인들을 대상으로 2019년 5월부터 8월까지 111일간 현재 어떤 감정을 경험하는지 기록하도록 하였다. 이들은 스마트 워치를 통해 행복감을 포함하여 자신의 감정을 기록하였을 뿐만 아니라 자신의 감정 상태가 어떻게 변했는지 확인하였다. 연구가 종료된 후에 연구에 참여한 사람들의 행복은 약 16% 증가하였다.

행복에 관한 짧은 질문에 답하고 기록하는 과정이 왜 사람들의 행복을 높이는 데 도움이 될까? 이유는 간단하다. 다른 누군가가 지켜본다고 생각하면 자신의 행동이 달라지듯, 행복을 기록하는 동안 자신의 상태를 꾸준히 관찰하고 점검함으로써 행복에 도움이 되는 방식으로 스스로 변화되었기 때문일 것이다. 저축을 위해 자신의 소비 습관을 기록하고 건강을 위해 걸음걸이나 운동량을 기록하듯, 행복해지고 싶다면 가장 먼저 해야 할 일은 바로 행복을 기록하는 일일 것이다.

행복에 관한 짧은 질문에 답하고 기록하는 과정이 어떻게 사람들의
행복을 높이는 데 도움이 될까? 이유는 간단하다. 다른 누군가가
지켜본다고 생각하면 자신의 행동이 달라지듯, 행복을 기록하는 동안
자신의 상태를 꾸준히 관찰하고 점검함으로써 행복에 도움이 되는
방식으로 스스로 변화되었기 때문일 것이다.

03

2022년 한국인의 속마음

빅데이터로 찾아낸 대한민국의 숨은 마음들

Korea Happiness Report

Happiness in 2022

1
그릿(Grit)과 행복
중요한 것은 꺾이지 않는 마음

"인생에서 성공하기 위해 재능보다 훨씬 더 중요한 다른 무언가가 있다면 그것은 무엇일까?" 위 질문에 대한 답을 찾기 위해 시작한 심리학 연구를 통해 앤절라 더크워스(Angela Duckworth)는 모든 성공의 중심에 그릿이 있다는 것을 알아냈다. 힘들고 고된 사관학교 훈련에서 누가 완수를 하는지, 전미 철자법 대회에서 누가 우승하는지, 좋지 못한 학습 분위기의 학교에 배정된 초임 교사 중 누가 끝까지 아이들을 가르치는지, 거절이 다반사인 영업직에서 누가 좋은 실적을 내는지를 연구한 결과, 다른 그 어떤 요인보다도 중요한 것은 '절대 포기하지 않는' 태도였다.

"요컨대 분야에 상관없이 대단히 성공한 사람들은 군건한 결의를 보였고 이는 두 가지 특성으로 나타났다. 첫째, 그들은 대단히 회복력이 강하고 근면했다. 둘째, 자신이 원하는 바가 무엇인지 매우 깊이 이해하고 있었다. 그들은 결단력이 있을 뿐 아니라 나아갈 방향도 알고 있었다. 성공한 사람들이 가진 특별한 점은 열정과 결합된 끈기였다. 한마디로 그들에게는 그릿이 있었다."(앤절라 더크워스, 2019, p. 29)

그릿(Grit)은 '투지', '집념', '불굴의 의지'를 모두 아우르는 개념으로써 '열정이 있는 끈기', 다시 말해 '실패에 좌절하지 않고 자신이 성취하고자 하는 목표를 향해 꾸준히 정진할 수 있는 능력'을 의미한다(앤절라 더크워스, 2019). 이전의 많은 연구들은 그릿이 높은 학업 성취도, 자기 조절과 학업 참여를 예측한다는 것을 보여 줬다(Bowman et al., 2015; Datu et al., 2016; Duckworth et al., 2007; Wolters & Hussain, 2015). 실제로 그릿은 지능이나 성실성보다 성공에 대한 예측력이 더 높게 나타났다(Duckworth et al., 2007).

그릿과 행복의 관계
그렇다면 성공을 예측하는 중요한 요인인 그릿이 행복에 미치는 영향은 어떨까? 그릿과 웰빙의 관계를 살펴본 선행 연구에 의하면 그

릿은 높은 삶의 만족감, 삶의 의미, 긍정정서, 심리적 안녕감 및 학교 만족도와 연관된 것으로 나타났다(Brackett, 2014; Datu et al., 2016; Ivcevic & Kleiman et al., 2013; Salles et al., 2014). 또한 그릿은 학업 성취 이외에도 직업이나 결혼생활의 성공과 높은 관련을 가지고 있다(임효진, 2017). 그릿이 높은 사람들일수록 군복무를 성공적으로 완수하며, 직업을 오랜 시간 지속하고, 결혼생활을 보다 길게 유지했다(Eskreis-Winkler et al., 2014).

그릿이 높은 사람들은 삶에서 어떤 것을 추구하는가를 보여주는 행복지향성(orientation to happiness)의 유형 중에서 쾌락(pleasure)보다 의미(meaning)나 참여(engagement)를 추구했으며, 관심 있는 대상에 몰입하고자 하는 사람들이 높은 그릿을 가지고 있었다(Von Culin et al., 2014). 일례로 앤절라 더크워스의 저서『그릿』에 소개된 전설적인 투수, 톰 시버(Tom Seaver)는 무엇을 하든 전부 피칭을 고려하여 결정했다. 그런 그의 생활을 걱정하는 사람들에게 톰 시버는 다음과 같이 말했다.

"나는 공을 던질 때 행복해요. 야구에 내 인생을 바쳤습니다….
그건 내가 하고 싶어서 정한 일입니다. 공을 잘 던질 때 행복하니까
나를 행복하게 만드는 일을 하는 것뿐입니다."
– 앤절라 더크워스, 2019, p. 96

흥미유지와 노력지속으로 구성된 그릿
이처럼 성공과 행복 모두를 위해 중요한 그릿은 어떤 요소들로 이루어져 있을까?

'장기적인 목표를 위한 열정과 노력'으로 정의되는 그릿(Duckworth et al., 2007, p. 1087)은 흥미유지와 노력지속으로 구성되어 있다. 흥미유지는 열정의 정도를 보여주며, 비교적 장기간에 걸쳐서 한 가지 목표나 관심을 유지하는 특성을 나타낸다. 노력지속은 끈기를 의미하며, 목표 달성을 위해 어려움이나 장애물을 극복하는 특성을 말한다(Duckworth et al., 2007).

이전 연구들에 의하면 그릿의 두 구성 요소(흥미유지, 노력지속)는 다양한 결과들에 서로 다른 영향을 미친다. 전반적으로 흥미유지보다는 노력지속이 여러 변수들에 대한 더 높은 예측력을 보여주었다(임효진, 2017; Credé et al., 2017). 실제로 노력지속이 높은 삶의 만족도

흥미유지 및 노력지속 척도 측정 문항
흥미유지
1 새로운 일이 생기면 이미 진행하던 일에 집중이 안 된다.
2 나의 관심사는 해마다 바뀐다.
3 몰입해서 했던 일이 며칠 만에 흥미가 없어진 적이 있다.
4 나는 이미 세운 목표를 자주 다른 방향으로 수정한다.
5 수개월이 걸리는 프로젝트라면 집중을 유지하기 어렵다.
6 나는 몇 달이 지나면 새로운 목표에 흥미가 생긴다.
노력지속
1 중요한 목표를 이루기 위해 난관들을 극복한 적이 있다.
2 실패는 나를 좌절시키지 않는다.
3 나는 일(혹은 공부)을 열심히 한다.
4 나는 시작한 것은 무엇이든 끝을 낸다.
5 나는 수년이 걸리는 목표를 성취한 적이 있다.
6 나는 성실하다.

와 학교 만족도 및 학업 적응을 예측하는 데 반해 흥미유지는 해당 웰빙 결과들과 관련이 없었다(Bowman et al., 2015; Datu et al., 2016). 따라서 그릿의 두 요인을 구분하여 각각의 역할과 특성을 살펴볼 필요가 있다.

과연 2022년 한국인들은 얼마나 높은 흥미유지를 가졌을까? 또한 얼마나 높은 노력지속을 지녔을까? 이를 알아보고자 한국인들이 장기간에 걸쳐 목표나 관심을 유지하는 정도(흥미유지), 목표 달성을 위해 어려움이나 장애물을 극복하는 정도(노력지속), 그리고 이 두 가지 개념이 각각 행복에 미치는 서로 다른 영향을 살펴보았다.

흥미유지와 노력지속은 어떻게 측정할까?
미국의 심리학자 앤절라 더크워스가 개발한 그릿 척도 문항들은 흥미유지를 측정하는 문항들과 노력지속을 측정하는 문항들로 구성되어 있다. 응답자들은 각 문항에 동의하는 정도를 7점 척도(1점=전혀 아니다, 7점=매우 그렇다)상에서 표시했다.

한국인의 흥미유지와 노력지속

2022년 한 해 동안 그릿 조사에 응답한 사람은 총 1만 1,264명이었다. 그중 여성 응답자가 8,675명으로 77.0%를 차지했으며, 남성 응답자가 2,589명으로 23.0%를 차지해 여성 응답자가 남성 응답자보다 3배 이상 많았다. 연령별로는 10대가 2,356명으로 20.9%, 20대가 2,296명으로 20.4%, 30대가 2,206명으로 19.6%, 40대가 2,060명으로 18.3%, 50대가 1,602명으로 14.2%, 60대 이상이 744명으로 6.6%로 나타났다.

2022년 한국인들이 느낀 흥미유지 평균값은 7점 만점에 3.82점(표준편차 1.23)이었다. 보통 이상으로 흥미유지를 나타낸 4점 이상의 응답자가 47.3%로 절반 정도를 차지했다. 2022년 한국인들의 노력지속 평균값은 7점 만점에 4.43점(표준편차 1.28)으로, 점수 분포는 완벽한 대칭의 형태를 보였다. 노력지속 점수는 보통인 4점대가 30.3%로 가장 높았다.

그래프1 과 그래프2 에서 살펴볼 수 있듯이 노력지속보다는 흥미유지가 더 좌측으로 치우쳐져 있다. 이는 노력을 끈기 있게 지속하는 것보다 흥미를 장기간 유지하는 사람들이 적다는 것을 보여준다. 나아가 노력지속과 흥미유지가 서로 다른 개념임을 의미하기도 한다.

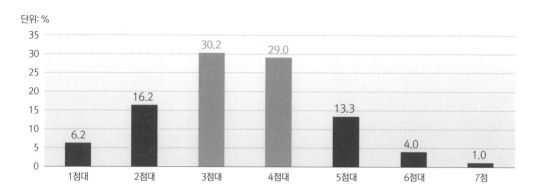

그래프 1 흥미유지 점수대별 분포

단위: %

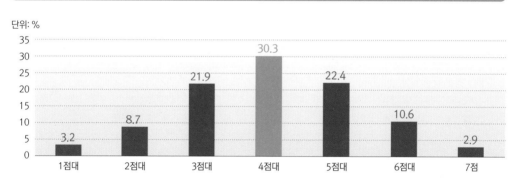

그래프 2 노력지속 점수대별 분포

단위: %

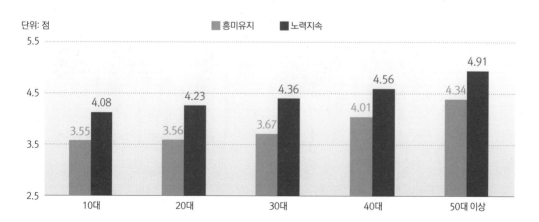

그래프 3 연령별 흥미유지와 노력지속 변화

단위: 점

여성과 남성 중 누가 더 그릿이 강할까?

한국인의 흥미유지를 성별로 분석한 결과, 남성이 평균 3.90으로 평균 3.80을 나타낸 여성에 비해 흥미유지가 더 높은 것으로 나타났으나 차이는 크지 않았다. 노력지속에서도 남성이 평균 4.56으로 여성 평균 4.38에 비해 높게 나타나 노력을 더 지속한다고 보고했다.

연령에 따른 흥미유지와 노력지속의 추이

흥미유지와 노력지속을 연령별로 본 결과, 유사한 패턴이 발견되었다(그래프3). 참고로 60대 이상의 응답자의 경우 표본이 상대적으로 부족하여 분석의 정확성을 높이고자 50대와 함께 묶어 분석했으며, 총 2,346명이 참여했다.

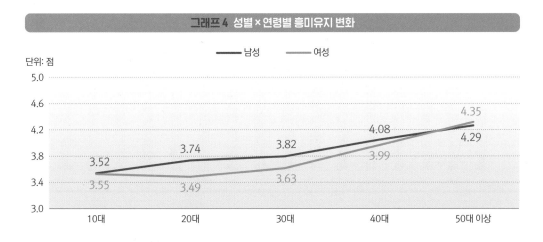

그래프 4 성별×연령별 흥미유지 변화

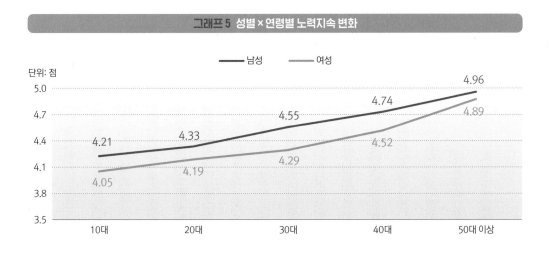

그래프 5 성별×연령별 노력지속 변화

우선 흥미유지의 경우, 나이와 함께 증가했다. 특히 10대, 20대, 30대에는 흥미유지가 비슷하다가 40대, 50대에 이르러 크게 상승했다.

노력지속의 경우에도 나이와 함께 계속 증가하는 추이를 보였는데, 40대에서 50대 이상 연령 구간의 증가폭이 가장 컸다.

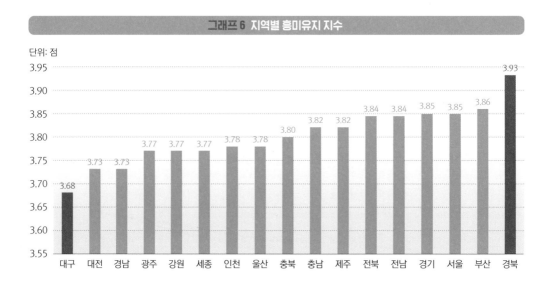

그래프 6 지역별 흥미유지 지수

단위: 점

대구 3.68, 대전 3.73, 경남 3.73, 광주 3.77, 강원 3.77, 세종 3.77, 인천 3.78, 울산 3.78, 충북 3.80, 충남 3.82, 제주 3.82, 전북 3.84, 전남 3.84, 경기 3.85, 서울 3.85, 부산 3.86, 경북 3.93

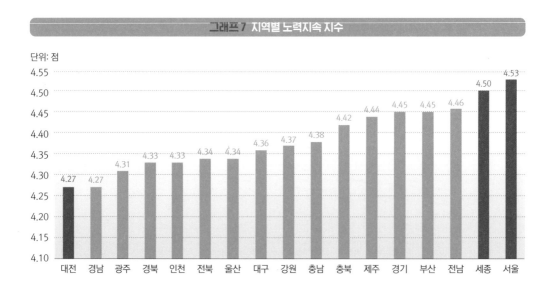

그래프 7 지역별 노력지속 지수

단위: 점

대전 4.27, 경남 4.27, 광주 4.31, 경북 4.33, 인천 4.33, 전북 4.34, 울산 4.34, 대구 4.36, 강원 4.37, 충남 4.38, 충북 4.42, 제주 4.44, 경기 4.45, 부산 4.45, 전남 4.46, 세종 4.50, 서울 4.53

이는 연령이 높아질수록 그릿이 증가한다는 이전 연구와 일치하는 결과이다(Duckworth et al., 2007; Lim et al., 2016). 인내심이나 성실성과 마찬가지로 그릿도 나이를 먹으며 발달적으로 성숙해지기 때문이라고 해석할 수 있다(Duckworth, 2016).

그렇다면 연령에 따른 변화는 남녀가 다른 패턴을 보일까? 먼저 흥미유지를 보면 남성이 여성에 비해 20~40대에 흥미유지를 더 많이 경험하는 것으로 나타났다(그래프 4). 반면, 노력지속의 경우 모든 연령대에서 남성이 여성보다 더 높게 나타났다(그래프 5).

경상북도가 흥미유지를 제일 잘하고, 서울이 노력지속을 가장 많이 한다
흥미유지와 노력지속의 지역 간 차이는 크지 않았으나, 흥미유지가 가장 높게 나타난 지역은 경상북도였고, 대구광역시에 사는 사람들의 흥미유지가 가장 낮게 나타났다(그래프 6). 또한 노력지속을 가장 많이 하는 지역은 서울특별시였고, 가장 적은 노력지속을 보여준 지역은 경상남도와 대전광역시였다(그래프 7).

앞선 결과들을 바탕으로 흥미유지와 노력지속이 서로 구분되는 개념임을 확인했다. 그렇다면 흥미유지와 노력지속은 우리의 행복에 어떤 영향을 미칠까?

먼저 흥미유지는 안녕지수 총점, 삶의 만족, 삶의 의미 및 긍정정서와 정적인 관계를 맺고 있었고, 부정정서와는 부적인 관계를 맺고 있었다. 다시 말해, 비교적 장기간에 걸쳐 목표나 관심을 꾸준히 유지하는 특성을 보이는 사람들일수록 삶의 만족과 의미 및 긍정정서 경험은 증가하고, 부정정서 경험은 감소하는 것으로 나타났다. 특히 흥미유지는 부정정서와 가장 높은 부적 상관을 보였다(그래프8).

노력지속 또한 마찬가지로 안녕지수, 삶의 만족, 삶의 의미 및 긍정정서와는 정적인 관계를, 부정정서와는 부적인 관계를 보여주었다. 목표 달성을 위해 어려움이나 장애물을 극복하는 특성을 가진 사람들일수록 삶의 만족과 의미 및 긍정정서를 많이 경험하는 반면, 부정정서 경험은 줄어들었다. 노력지속의 경우 삶의 의미와 가장 높은 정적 상관을 보였으며, 흥미유지보다 노력지속이 긍정적인 지표들과 맺고 있는 관계의 크기가 더 컸다(그래프9).

흥미유지보다 노력지속이 우리의 행복에 더 중요하다

그럼 이제 흥미유지와 노력지속이 우리 인생의 행복에 미치는 영향이 연령에 따라 어떻게 다르게 나타나는지 살펴보자. 회귀분석을 통해 흥미유지 노력지속이 안녕지수에 미치는 영향을 분석해본 결과, 노력지속이 흥미유지보다 안녕지수에 더 큰 상대적 영향을 주는

것으로 나타났다. 노력지속과 흥미유지 모두 모든 연령의 안녕지수에 긍정적인 영향을 미쳤다. 흥미유지의 경우, 20대를 제외하고는 연령이 높아질수록 그 영향력이 커졌다. 노력지속은 전 연령대에 긍정적인 영향을 비교적 고르게 미쳤는데, 특히 20대와 30대에게 미치는 영향력이 가장 컸다(그래프 10).

다음으로 안녕지수를 하위 지표들로 세분화해 분석해보았다. 삶의 만족, 삶의 의미 및 긍정정서 결과를 보면 노력지속의 경우 이런 긍정적인 지표들을 경험하는 데 유리하게 작동하는 것으로 나타난 반면, 흥미유지의 경우 그 효과가 미미하거나 유의하지 않았다. 특히 10대, 20대, 30대에선 흥미유지가 긍정적인 지표들을 경험하는 데 조금 불리하게 작동하는 경우도 있었다(그래프 11, 12, 13).

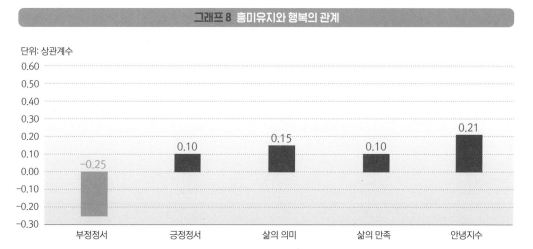

그래프 8 흥미유지와 행복의 관계

단위: 상관계수

	부정정서	긍정정서	삶의 의미	삶의 만족	안녕지수
상관계수	−0.25	0.10	0.15	0.10	0.21

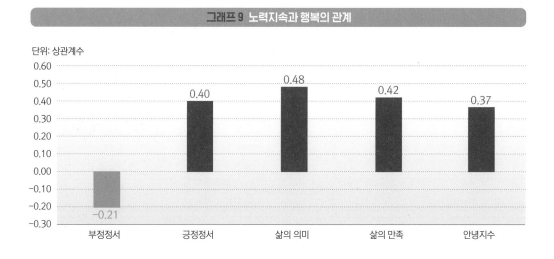

그래프 9 노력지속과 행복의 관계

단위: 상관계수

	부정정서	긍정정서	삶의 의미	삶의 만족	안녕지수
상관계수	−0.21	0.40	0.48	0.42	0.37

그러나 노력지속에 비해 흥미유지가 부정정서에 미치는 상대적 영향력은 더 큰 것으로 나타났다. 흥미유지와 노력지속 모두 부정정서를 낮춰주었는데, 20대를 제외한 모든 연령대에서 그 영향력의 크기가 흥미유지에서 더 높았다(그래프 14).

이를 바탕으로 흥미유지는 부정적인 정서를 감소시키는 방향으로 우리의 행복에 도움을 주는 한편, 노력지속은 부정정서를 낮출 뿐만 아니라 삶의 만족과 의미 그리고 긍정정서를 높이는 다양한 방법으

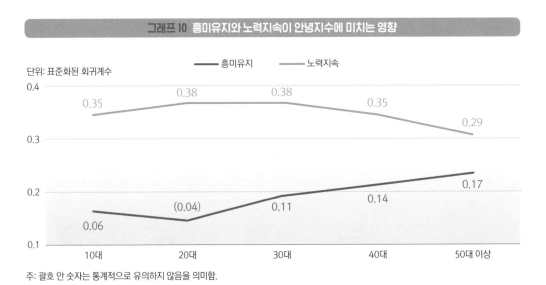

그래프 10 흥미유지와 노력지속이 안녕지수에 미치는 영향

단위: 표준화된 회귀계수

흥미유지   노력지속

주: 괄호 안 숫자는 통계적으로 유의하지 않음을 의미함.

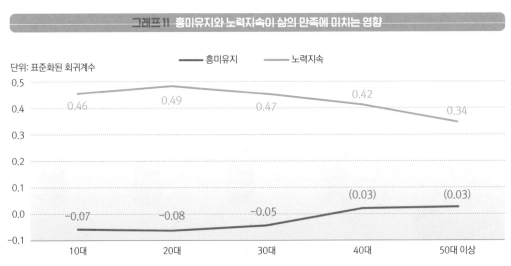

그래프 11 흥미유지와 노력지속이 삶의 만족에 미치는 영향

단위: 표준화된 회귀계수

흥미유지   노력지속

주: 괄호 안 숫자는 통계적으로 유의하지 않음을 의미함.

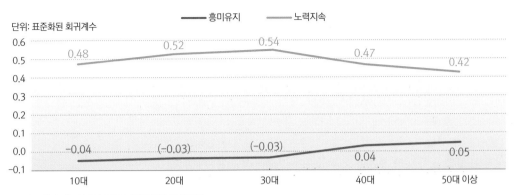

주: 괄호 안 숫자는 통계적으로 유의하지 않음을 의미함.

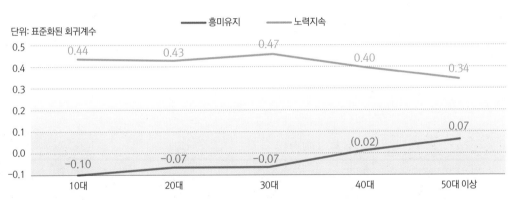

주: 괄호 안 숫자는 통계적으로 유의하지 않음을 의미함.

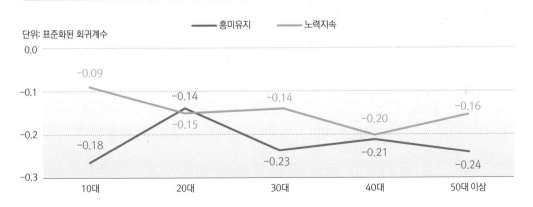

로 우리를 행복하게 한다는 것을 알 수 있다. 이는 흥미유지보다는
노력지속이 다양한 변수들에 더 높은 예측력을 보인다는 선행 연구
결과와도 일치한다(임효진, 2017; Credé et al., 2017; Datu et al., 2016).

건강한 생활습관을 통해 행복을 높이는 그릿

그렇다면 그릿이 행복을 높이는 이유는 무엇일까? 그릿이 행복에
유리한 다양한 이유가 있겠지만, 우리는 그중에서 생활습관에 주목
했다. 실제로 많은 선행 연구들이 그릿과 건강한 생활습관 간의 관
계를 살펴보았다. 구체적으로 그릿이 높은 사람들은 신체 활동을
더 많이 했고, 앉아 있는 시간이 더 적었으며, 건강한 식습관과 수면
습관을 유지했다(Martin et al., 2022, 2023; Totosy de Zepetnek et al.,
2021).

이를 바탕으로 우리는 그릿이 높은 사람들이 좋은 생활습관을 통해
행복을 더 많이 경험한다는 가설을 세우고, 이를 알아보기 위해 그
릿과 생활습관 측정에 모두 응답한 679명의 데이터를 분석했다. 앞
서 우리는 흥미유지와 노력지속이 서로 구분되는 개념이며 행복에
미치는 영향도 다름을 확인하였다. 따라서 이번에도 둘을 구분하여
분석해보았다.

노력지속이
흥미유지보다 행복에
더 유리한 이유는
끈기를 가지고
어려움을 이겨내는
특성이 행복에
도달하는 더 다양한
길을 제시하기 때문이
아닐까?

분석 결과, 흥미유지와 노력지속이 높을수록 규칙적으로 운동하는 습관을 가지고 있었으며 이는 행복을 높이는 것으로 나타났다.

나아가 노력지속의 경우 규칙적인 운동 외에 다른 여러 습관과도 긍정적인 관계를 맺고 있었다. 노력지속이 높은 사람들은 다른 사람들과 함께 많은 시간을 보냈으며, 자기계발을 하는 데 시간을 더 투자하였고, 취미활동에도 적극적으로 참여하여 행복이 증진하였다.

앞서 살펴본 바와 마찬가지로 노력지속이 흥미유지보다 행복에 더 유리한 이유는 끈기를 가지고 어려움을 이겨내는 특성이 행복에 도달하는 더 다양한 길을 제시하기 때문이 아닐까?

이를 토대로 같은 관심사를 유지하는 것도 우리의 행복을 증진시키는 데 도움을 주지만, 장애물과 어려움을 이겨내는 끈기가 행복한 삶을 위해 무엇보다 중요하다는 통찰을 얻을 수 있다.

실패해도 다시 일어서며 목표를 향한 노력을 지속한다면 성공과 행복이라는 두 마리의 토끼를 모두 잡는 자신을 발견할 수 있을 것이다.

Happiness in 2022

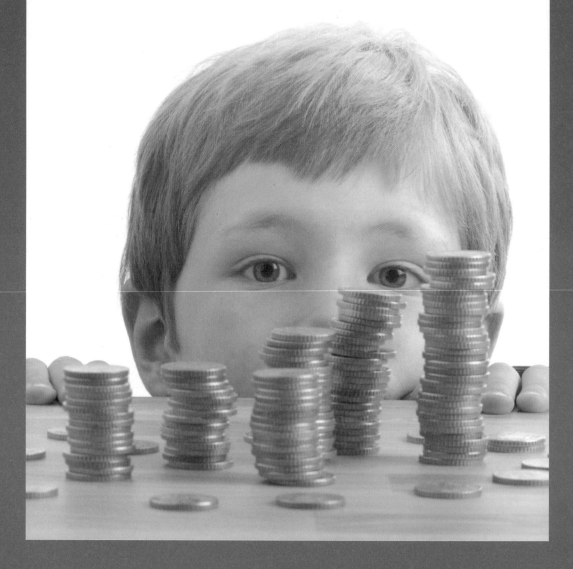

2
소비
돈으로 행복을 살 수 있을까?

돈은 인간이 태어나서 죽을 때까지 삶과 밀접하게 연관되어 영향을 미친다. 돈에 대한 인간의 감정은 복잡하고 양가적이다. 돈은 열망인 동시에 부정적인 대상으로도 흔히 묘사된다. 돈으로 행복을 과연 살 수 있을까?

소득과 행복의 비례

돈으로 행복을 살 수 있는가에 대한 논의는 오랫동안 계속 되어왔다. 돈에 대한 우리의 마음이 쉽게 결론 나지 않듯이 돈으로 행복을 살 수 있는가에 대한 많은 실험과 연구의 결과도 서로 엇갈린다.

돈과 행복의 관계에 대한 유명한 연구로 1974년 미국의 경제학자 리처드 이스터린(Richard A. Easterlin)은 19개국을 대상으로 한 연구에서 국가의 경제성장이 국민의 행복으로 이어지지 않는다는 사실을 발견하였다. 미국의 경우, 1973년부터 2004년까지 1인당 국민소득이 2배 가까이 뛰었음에도 행복은 큰 변화가 없었다. 돈이 많아진다고 해서 행복해지는 것은 아니라는 기존의 상식을 뒤집는 이스터린의 역설(Easterlin paradox)은 이후 많은 학자에 의해 각광받기도 하고 반박되기도 하였다.

돈이 많아진다고 해서 더 행복해지는 것은 아니라는 주장은 노벨 경제학상을 수상한 대니얼 커너먼(Daniel Kahneman)과 앵거스 디턴(Aungus Deaton)의 연구 결과에서도 볼 수 있다. 이들은 소득이 높아질수록 행복이 증가하지만 일정 소득 수준 이상을 넘으면 더 이상 소득에 따라 행복이 증가하지 않고 평평한 패턴을 유지한다는 사실을 발견하였다(Kahnemna & Deaton, 2010). 반면 맷 킬링스워스(Mattew Killingsworth)는 이와는 다른 결과를 발표했다. 참가자들의 스마트폰을 통해 행복을 매일 측정하여 추적한 결과, 소득이 증가할수록 행복도 함께 계속 높아지는 현상을 발견한 것이다(Killingsworth, 2021). 돈과 행복의 관계에 대해 이렇게 상이한 결론이 나는 이유를 알아보기 위해 최근 커너먼과 킬링스워스는 함께 연구를 진행했다(Kahneman et al., 2023). 그 결과 일정 수준 이상의 소득 수준에 다다르면 행복이 더 이상 증가하지 않는 현상은 평소 행복 수준이 낮은 사람들에게만 발견되었다. 평소 행복 수준이 높은 사람들은 한계점이 없이 소득이 증가함에 따라 행복도 지속적으로 상승하였으며, 더 행복한 그룹에서는 상승폭이 더욱 증가하는 현상이 나타났다. 이처럼 돈으로 행복을 살 수 있는가에 대한 논의와 발견은 앞으로도 계속될 것으로 보인다.

경험적 소비란
여행, 공연, 관람 등
무엇인가를
경험하기 위해
돈을 쓰는 것을
말한다.

반면 물질적 소비는
집, 차, 시계와 같이
돈을 써서
눈에 보이는 물건을
소유하는 것을
뜻한다.

돈을 어떻게 소비하는가와 행복의 관계

카카오같이가치 연구팀은 '돈을 얼마나 소유했는가'보다 '돈을 어떻게 소비하는가'와 행복의 관계를 살펴보고자 하였다. 이를 위해 엘리자베스 던(Elizabeth Dunn)의 저서를 참고하여 행복과 소비습관의 관계를 알아보기 위해 소비 유형을 크게 물질적 소비, 경험적 소비, 관계적 소비, 친사회적 소비로 나누었다.

물질적 소비란 집, 차, 시계와 같이 돈을 써서 눈에 보이는 어떤 물건을 소유하는 것을 목적으로 한다. 반면 경험적 소비는 여행, 공연, 관람과 같이 무엇인가를 경험하기 위해 돈을 쓰는 것을 뜻한다. 경험적 소비는 돈을 쓴 후에 눈에 보이게 남는 물건은 없지만 경험과 기억을 구입하게 되는 것이다. 심리학 연구에 따르면 물질적 소비보다 경험적 소비가 우리의 행복에 더 도움이 된다(Van Boven & Gilovich, 2003).

경험적 소비가 물질적 소비보다 행복에 도움이 되는 이유는 소비의 결과물을 다른 사람의 것과 비교가 힘들기 때문이다. 자동차나 가방과 같은 물건은 다른 사람의 것과 나의 것이 눈에 선명하게 보이기 때문에 특정 기준에 따른 비교가 쉽고 우열 판단이 쉽다. 하지만 경험적 소비의 결과는 눈에 보이지 않기 때문에 다른 사람과의 비교가 어렵다. 전시회에 가서 예술품을 감상하며 느끼는 감동과 전율은 다른 사람의 것과 비교할 수 없다. 마찬가지로 태어나서 처음 간 낯선 여행지에서 느끼는 감격과 깨달음을 다른 사람의 것과 비교할 수 없다. 이처럼 경험적 소비는 눈에 보이지 않기 때문에 물질적 소비보다 우리에게 더 큰 행복감을 안겨준다.

관계적 소비란 다른 사람과 시간을 보내기 위해 돈을 쓰는 것이다. 관계적 소비는 사회 속에서 자신의 위치를 확인하고 다른 사람들과 소통을 가능하게 한다. 가족이나 친구들과 같이 시간을 보내는 것이 스트레스 완화에 도움이 되고 행복을 더 높여준다는 연구 결과(McManhon, 2006)를 바탕으로 연구팀은 관계적 소비와 한국인의 행복의 관계를 더 자세히 살펴보기로 하였다.

마지막으로 친사회적 소비란 사회와 환경을 위해 기부하는 것을 뜻한다. 우리는 타인에 대한 공감과 동정심을 느껴 이타적인 행동을 하게 되는데 이러한 선행은 타인뿐 아니라 우리의 행복에도 긍정적인 영향을 준다. 소비 영역에서도 자신을 위해 돈을 쓰는 것보다 오히려 타인을 위해 기부하는 것이 개인의 행복에 더 도움이 된다 (Dunn et al., 2008). 자기 자신의 이득과는 전혀 관계없어 보이는 소비가 행복을 높여준다는 흥미로운 결과에 관심을 가지고 카카오같이가치 연구팀은 한국인의 친사회적 소비습관과 행복의 관계에 대해 더 자세히 들여다보기로 하였다.

기존 문헌을 바탕으로 행복에 영향을 줄 것으로 예상되는 소비습관으로 선택한 문항들은 다음과 같다. 참여자들은 7점 척도(1=전혀 그렇지 않다, 7=매우 그렇다)를 기준으로 각 질문들에 대해 자신의 평소 소비습관을 답했다.

경험적 소비는 눈에 보이지 않기 때문에 물질적 소비보다 우리에게 더 큰 행복감을 안겨준다.

물질적 소비	물건을 직접 소유하기 위한 소비를 자주 한다.
경험적 소비	새로운 경험을 얻기 위한 소비를 자주 한다.
관계적 소비	다른 사람과 시간을 보내기 위해 돈을 자주 쓴다.
친사회적 소비	사회적 기부에 지출을 아끼지 않는다. 친환경 제품 등 사회적 가치가 담긴 물건을 자주 산다.

한국인의 소비습관 특징

높은 물질적 소비, 낮은 친사회적 소비습관을 가진 한국인

한국인의 전체적 소비습관을 분석한 결과 평균점수는 7점 만점에 물질적 소비 4.08점, 관계적 소비 4.05점, 경험적 소비 3.97점, 친사회적 소비 2.63점이었다. 평균적으로 한국인은 물질적 소비를 가장 많이 하고 상대적으로 친사회적 소비는 가장 적게 하는 것으로 나타났다. 주목할 점은 친사회적 소비를 거의 하지 않는다고 응답한 2점 이하의 사람들이 전체 응답자의 약 57.1%를 차지하는 것으로 나타나 전반적으로 사회와 환경을 위한 소비의 비율은 매우 미약함을 볼 수 있다.

남자와 여자의 소비습관 차이가 존재할까?

성별에 따른 한국인의 소비습관을 살펴본 결과 여성은 남성보다 더 많은 물질적 소비, 관계적 소비, 친사회적 소비를 하는 것으로 나타났다. 주목할 만한 사실은 친사회적 소비에서 남녀의 차이가 가장 크게 나타났다는 점이다. 경험적 소비의 경우 남성(3.98점)과 여성(3.97점)의 차이가 거의 나지 않는다는 점에서 남성과 여성이 비슷한 정도로 경험을 소비하고 있는 것을 볼 수 있다.

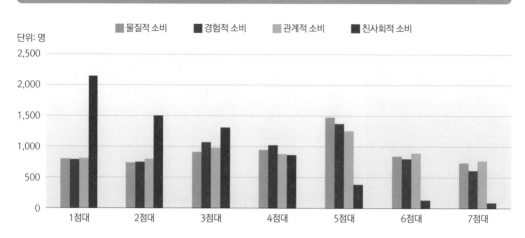

그래프 15 대한민국 소비습관

단위: 명

■ 물질적 소비　■ 경험적 소비　■ 관계적 소비　■ 친사회적 소비

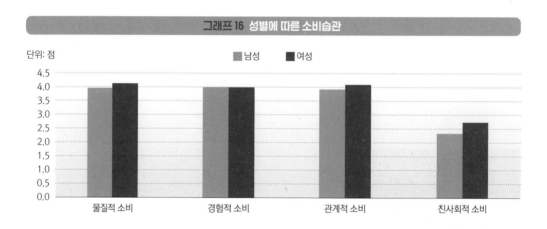

그래프 16 성별에 따른 소비습관

단위: 점

■ 남성　■ 여성

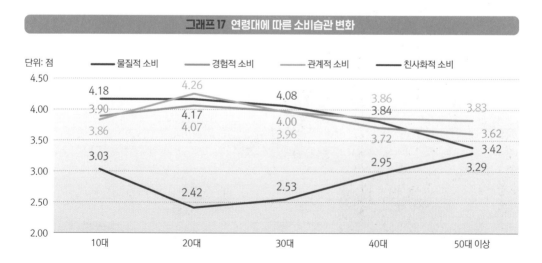

그래프 17 연령대에 따른 소비습관 변화

단위: 점

── 물질적 소비　── 경험적 소비　── 관계적 소비　── 친사화적 소비

그래프 18 지역별 물질적 소비지수

계열1
4.40 ─ 3.40

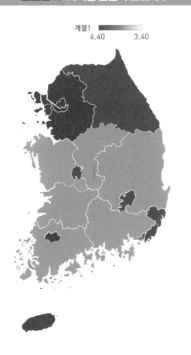

그래프 19 지역별 경험적 소비지수

계열1
4.11 ─ 3.56

그래프 20 지역별 관계적 소비지수

계열1
4.28 ─ 3.71

그래프 21 지역별 친사회적 소비지수

계열1
2.90 ─ 2.40

나이가 들수록 물질적 소비는 감소하고 친사회적 소비는 증가한다

소비습관의 연령대별 차이는 어떨까? 물질적 소비는 나이가 들어감에 따라 지속적으로 감소하는 것으로 나타났다. 경험과 관계를 위한 소비는 20대를 기점으로 가장 높아졌다가 나이가 들수록 서서히 감소하는 양상을 보였다. 반면 친사회적 소비는 20대에 잠시 감소했다가 나이가 들수록 증가하는 양상을 보였다. 나이가 들수록 물질적 소비는 줄어들고 사회와 환경을 위한 이타적인 소비가 증가한다는 점이 주목할 만하다. 또한 젊은 20대에 새로운 경험과 관계를 위한 소비가 가장 높다는 점도 눈여겨봐야 할 대목이다.

지역에 따라 소비습관의 차이가 있을까?

지역에 따른 소비습관을 알아보기 위해 응답자들의 거주 지역을 17개의 광역시도를 기준으로 차이를 비교해보았다. 분석 결과, 물질적 소비는 제주도와 서울을 포함한 수도권 지역이 가장 높고 세종시가 가장 낮은 것으로 나타났다. 경험적 소비도 서울이 가장 높고 제주시와 수도권 지역이 그 뒤를 이었다. 관계적 소비는 제주시가 가장 높았고 수도권과 충청북도가 그 뒤를 이었다. 친사회적 소비는 전라남도에서 가장 높게 나타났으며 그 뒤를 이어 강원도와 전라북도 순으로 보고되어 다른 소비와는 다르게 수도권 지역에서 약세인 것으로 나타났다.

소비습관과 행복의 관계

각 소비습관은 한국인의 행복과 어떤 관계가 있을까? 분석 결과, 물질적 소비를 많이 할수록 안녕지수가 낮았고 부정정서를 높게 느끼는 것으로 나타났다. 즉 돈을 물건을 소유하기 위해 쓸수록 행복을 적게 경험하는 것을 볼 수 있다. 이러한 결과는 "물질을 소유하기 위한 소비인 경우에는 돈으로 행복을 살 수 있는가?"라는 질문에 "아니오"라고 답할 수밖에 없음을 보여준다.

반면 경험적 소비, 관계적 소비, 친사회적 소비는 안녕지수, 삶의 만족, 삶의 의미, 긍정정서를 높이는 데 도움이 되는 것으로 나타났다. 특히 친사회적 소비의 경우 삶의 의미와 강한 관계를 맺고 있었다. 흥미로운 점은 경험적 소비, 관계적 소비, 친사회적 소비 모두 부정정서와는 관계가 미약했다는 것이다. 즉 소비를 통해 부정정서를 완화시킬 수는 없었다. 대신 새로운 경험, 관계, 사회와 환경을 위해 돈을 쓰는 것은 개인의 삶의 의미와 목적, 긍정정서를 높임으로써 개인의 행복에 도움이 된다는 점을 시사한다(그래프 22).

나이에 따라 행복에 가장 좋은 소비습관

앞의 결과를 통해 우리는 경험적 소비, 관계적 소비, 친사회적 소비가 행복과 긍정적인 연관을 맺고 있음을 확인할 수 있었다. 그렇다면 행복에 도움을 주는 소비습관은 나이에 따라 어떻게 달라질까? 분석 결과, 나이에 따른 소비습관과 행복의 관계 변화는 삶의 만족에서 가장 두드러지게 나타났다.

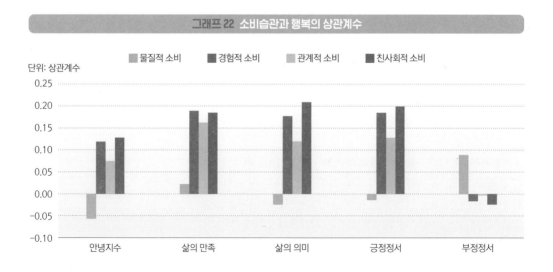

그래프 22 소비습관과 행복의 상관계수

단위: 상관계수

■ 물질적 소비 ■ 경험적 소비 ■ 관계적 소비 ■ 친사회적 소비

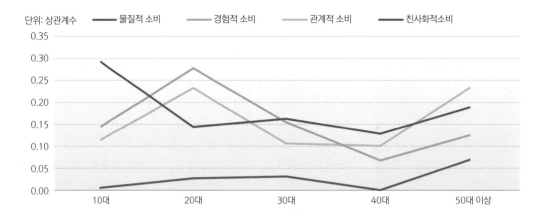

단위: 상관계수 ——— 물질적 소비 ——— 경험적 소비 ——— 관계적 소비 ——— 친사회적소비

모든 연령대에서 물질적 소비는 삶의 만족에 영향을 주지 못했다. 하지만 경험적 소비, 관계적 소비, 친사회적 소비 영역에서는 각 연령대에 따라 삶의 만족에 미치는 영향이 차이가 있음을 확인할 수 있었다.

특히 경험적 소비와 관계적 소비의 경우에는 20대에 삶의 만족과의 관계가 가장 밀접한 것을 볼 수 있다. 20대는 성인이 되어 더 넓은 세상으로 나아가 새로운 관계와 경험들을 쌓아가는 시기다. 20대에 새로운 경험과 관계를 위해 돈을 쓰는 것은 미래를 위한 대비일 뿐 아니라 현재의 삶의 만족을 높이는 데 있어서도 가장 효과적인 소비 전략임을 보여준다. 또한 경험적 소비와 관계적 소비의 경우 20대에 가장 높아졌다가 나이가 들면서 삶의 만족과의 관계성이 감소한다. 하지만 흥미로운 점은 관계적 소비의 경우 50대 이상이 되었을 때 삶의 만족과의 관계가 다시 강해진다는 사실이다. 즉 50대 이후에는 다른 소비보다도 다른 사람과 함께 시간을 보내기 위한 관계적 소비가 삶의 만족에 가장 큰 영향을 준다는 점은 주목할 만하다.

흥미롭게도 친사회적 소비와 삶의 만족의 관계는 10대 때 가장 높은 것을 볼 수 있다. 10대의 친사회적 소비가 자신의 삶의 만족에도 가장 긍정적인 영향을 미친다는 결과는 어린 학생들이 타인을 도움으로써 자신도 행복해지는 순수한 마음을 가졌음을 짐작할 수 있게 한다. 이러한 결과는 청소년의 시기가 사회와 환경을 위한 소비 교

육이 이루어질 때 자신의 삶의 만족도 높아지는 경험을 강하게 할 수 있는 기회임을 시사한다.

결론적으로 각 나이별로 삶의 만족과 소비습관의 관계는 다르게 나타난다. 10대에는 친사회적 소비, 20~30대에는 경험적 소비, 50대에는 관계적 소비가 삶의 만족을 증가시키는 데 가장 효과적인 소비습관임을 확인함으로써 각 나이대에 따른 행복을 위한 소비 전략이 다름을 본 결과는 보여주고 있다. 본 결과는 눈에 보이는 물질적 소유를 위한 소비가 아닌 눈에 보이지 않는 중요한 것들에 돈을 쓰는 것이 오히려 우리의 행복에 더 긍정적인 영향을 준다는 사실을 가르쳐준다.

Happiness in 2022

●

3
세렌디피티

"오히려 좋아" 변화와 불확실성을 포용하는 삶의 태도

최근 MZ 사이에서 "오히려 좋아"라는 신조어가 인기다. 일이 기대한 대로 풀리지는 않았지만 우울해하거나 낙담하지 않고, 그 상황을 받아들이며 새로운 관점에서 바라보고 긍정적인 측면을 찾아보자는 의미다. 글로벌 경기 침체가 예상되고, 러시아–우크라이나 전쟁으로 전 세계적인 불안감이 조성되었으며, 전 세계적인 코로나19 팬데믹을 지나 한동안 잃어버렸던 일상을 겨우 다시 찾아가는 중이다. 세상은 끊임없이 변화한다는 사실과 모든 것을 둘러싼 불확실성을 인정해야만 하는 상황에서 나름대로 "오히려 좋아"라고 긍정하는 마음은 '세렌디피티'와 닮았다.

'세렌디피티(serendipity)'는 '뜻밖의 발견이나 발명'을 의미한다. 조금 더 상세히 살펴보자면 '의도적인 행동으로 인해 발생한 의도하지 않은 결과'라는 뜻이다. 기대한 결과, 의도한 결과는 아니지만 그 나름대로의 의미와 가치를 발견하는 상황을 표현하는 용어로, 과학 분야에서 주로 많이 사용되었으며 경영학 분야에서도 자주 언급된다.

콜럼버스가 대서양을 건너 인도로 가던 중 지구의 반지름을 잘못 계산하여 아메리카 대륙을 발견한 일, 알렉산더 플레밍이 세균 배양 접시를 완전히 밀봉하지 않아 들어간 푸른곰팡이로 인해 페니실린을 개발한 일, 강력 접착제 개발의 실패로 탄생한 3M의 '포스트잇'은 모두 세렌디피티의 대표적인 사례들이다. 이런 과학적인 발견과 발명 외에도 우리는 일상에서 세렌디피티를 쉽게 찾아볼 수 있다.

세렌디피티가 '우연히 얻은 (좋은) 경험이나 성과'라는 맥락에서 '행운'과 유사한 의미로 언급되기도 하지만 좁은 의미에서는 약간의 차이가 있다. 행운은 무작위로 발생하여 '의도적 행동'이 없지만, 세렌디피티는 '의도적 행동'과 '의도하지 않은 결과'를 명확히 포함하고 있다. 즉 '의도적 행동'이 없이 세렌디피티는 존재할 수 없다는 의미이기도 하다.

이러한 맥락에서 '행운'이 수동적으로 기원하고 기다려야 하는 종류의 기쁨이라면, 세렌디피티는 다양한 시도와 도전으로 끊임없이 발견해갈 수 있는 종류의 기쁨이다. 다시 말해 '행운'은 개인의 노력으로 강화하기 어렵지만, 세렌디피티는 노력을 통해 충분히 계발할 수 있는 개인의 능력이기도 하다.

2022년 대한민국 세렌디피티

세렌디피티는 어떻게 측정할까?

서울대학교 행복연구센터에서는 관련 연구를 기반으로 일상생활 중 경험하게 되는 세렌디피티를 측정하고자 아래와 같이 10개 문항으로 구성된 설문을 자체 개발하였다. 응답자가 각 문항에 동의하는 정도를 1점(전혀 그렇지 않다)부터 5점(매우 그렇다)까지 자가 보고하는 형태로 구성되어 있다.

세렌디피티 설문 항목

1 우연히 좋은 정보나 기회를 얻는 경우가 않다.

2 불현듯 떠오른 아이디어로 좋은 결과를 얻은 적이 있다.

3 일에 중대한 영향을 끼치는 우연이 많이 일어난다.

4 일상에 큰 영향을 주는 뜻밖의 행운이 일어난다.

5 나는 운이 좋은 편이다.

6 나는 좋은 운을 타고났다고 생각한다.

7 나에게는 운 나쁜 일이 자주 생긴다.

8 나는 운이 실제로 존재한다고 믿는다.

9 행운이나 불운 같은 것은 없다고 생각한다.

10 운의 존재를 믿는 것은 아주 상식적인 일이다.

한국인의 세렌디피티

카카오같이가치를 통해 세렌디피티(행운) 데이터를 2022년 1년간 수집하였으며, 총 9만 1,775명이 참여했다. 응답자 중 여성이 78%, 남성이 22%를 차지했고, 연령대로는 30~60대 응답자들이 94%로 대다수를 차지했다.

특이한 점은, 카카오같이가치에서 진행한 다른 조사에서는 10~20대의 참여도가 높은 반면, 세렌디피티 조사에서는 유독 30~60대의 참여도가 높았다는 점이다. 삶이 뜻대로, 계획대로만 흘러가지 않음을 깨달은 중장년층이 상대적으로 행운, 세렌디피티에 대해 높은 관심을 가지고 있음을 반증하는 듯하다.

한국인의 세렌디피티 점수는 평균 2.95점이었으며, 대부분의 응답자가 자신의 행운 점수를 보통 수준인 2~3점대로 표현했다.

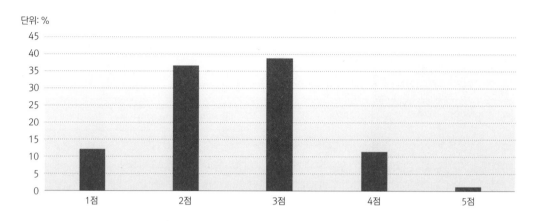

단위: %

성과 연령에 따른 한국인의 세렌디피티

한국인의 세렌디피티 점수를 성별로 분석한 결과, 여성(평균 2.97점)
이 남성(평균 2.86점)보다 약간 높게 평가한 것으로 확인됐다. 연령에
따라서는 어떻게 달라질까? 스스로 평가하는 세렌디피티(행운) 점수
는 10대에 가장 높았고, 서서히 감소하다 40대 이후 다시 상승하는
경향을 보였다. 세렌디피티 점수를 연령대별로 성별을 나누어보았
을 때도 동일한 패턴이었으며, 여성이 남성보다 약간 높게 평가하는
것으로 확인되었다.

그래프 25 연령대별 세렌디피티 점수

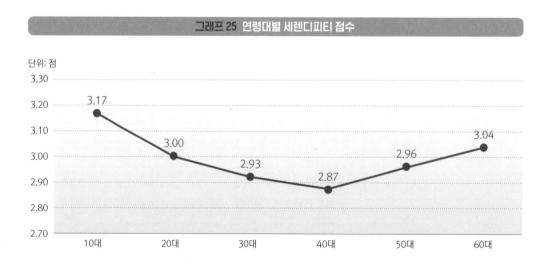

단위: 점

세렌디피티 점수의 경우 행복과 유사한 U자형 패턴을 보였다. 이를 성별로 세분화할 경우 행복은 남성이 여성보다 약간 높은 반면, 세렌디피티는 여성이 남성보다 약간 높은 것으로 나타나 차이를 보였다.

지역별 세렌디피티

지역별로도 세렌디피티 점수에 차이가 날까? 가장 높은 지역은 세종특별자치시로 3.11점, 다음으로 서울·대전·부산·광주·울산·대구 등 광역시가 전반적으로 높은 것으로 나타났으며, 강원도·경기도·전라북도·전라남도·충청북도·경상남도도 유사한 수준을 보였다. 세렌디피티가 가장 낮은 지역은 인천광역시, 경상북도, 충청남도 순이었다. 특별시와 광역시에서 점수가 약간 더 높은데, 상대적으로 풍부한 지역 내 산업·문화적 다양성이 세렌디피티의 트리거로서 작동한 것이 아닐까 추측된다. 세종은 행복 점수에서도 1위로, 세렌디피티와 행복의 연관성이 지역별 점수차에서도 드러난 것으로 보인다.

세렌디피티는 행복에 어떤 영향을 미칠까?

세렌디피티는 행복과 밀접한 관계를 맺고 있었다. 일상 속에서 세렌디피티를 많이 발견하는 사람일수록 전반적인 안녕지수, 긍정정서, 삶의 만족, 삶의 의미에서 높은 점수를 보였다. 세렌디피티를 경험하는 것은 부정정서를 낮춰주는 긍정적인 효과가 있는 것으로 밝혀졌다.

그래프 26 지역별 세렌디피티 점수

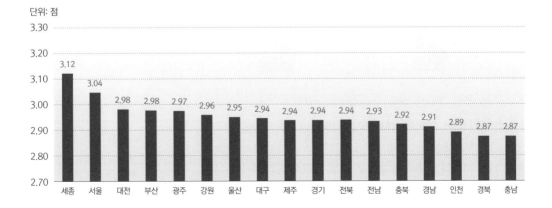

단위: 점

세종	서울	대전	부산	광주	강원	울산	대구	제주	경기	전북	전남	충북	경남	인천	경북	충남
3.12	3.04	2.98	2.98	2.97	2.96	2.95	2.94	2.94	2.94	2.94	2.93	2.92	2.91	2.89	2.87	2.87

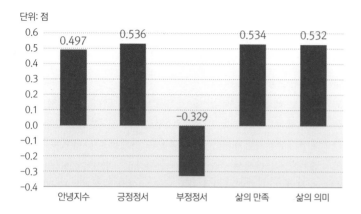

그래프 27 세렌디피티와 행복의 관계

단위: 점

안녕지수 0.497
긍정정서 0.536
부정정서 −0.329
삶의 만족 0.534
삶의 의미 0.532

성별에 따라 세렌디피티의 효과가 달라질까?

미미하지만 행복과 세렌디피티의 관계는 남성보다는 여성에게서
약간 더 강하게 나타났다. 평균적인 세렌디피티의 점수도 여성이
더 높았고, 행복에 미치는 영향도 여성에게서 약간 더 강하게 나타
났다.

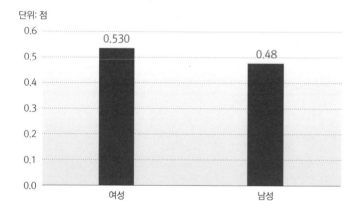

그래프 28 성별에 따른 행복과 세렌디피티의 관계

단위: 점

여성 0.530
남성 0.48

행복에 대한 세렌디피티의 영향력이 더 강해지는 시기가 있을까?

앞서 연령대별 세렌디피티 점수가 10대부터 서서히 낮아지다 40대
이후 다시 반등하는 추세를 보이는 것을 확인했다. 그렇다면 어떤
연령대에서 행복과 세렌디피티의 관계가 가장 강하게 나타날까?

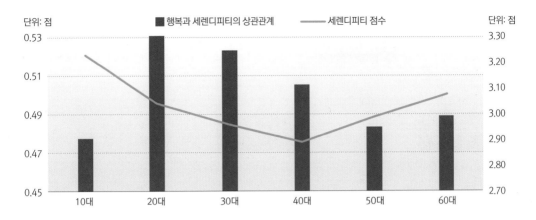

단위: 점　　　■ 행복과 세렌디피티의 상관관계　　　── 세렌디피티 점수　　　단위: 점

연령대별 행복과 세렌디피티의 관계에서는 재미있는 현상을 발견했다. 세렌디피티 점수가 서서히 낮아지는 20~40대에서 행복과 세렌디피티의 관계성이 더 강하게 나타났다. 따라서 특히 20~40대가 세렌디피티 역량을 계발할 경우 행복감 개선에 도움이 될 것으로 예상된다.

외부의 자극이 발생하는 활동들에서 행복감을 느낄수록 세렌디피티를 경험할 가능성이 높아질까?

카카오같이가치에서는 14가지 활동에 대해 어떤 활동을 할 때 가장 행복감을 느끼는지 조사한 바가 있다. 이 활동들 중 외부의 자극이 발생되는 '상호작용 활동(interactive activity)'만을 일부 추출하여 상호작용 활동이 세렌디피티와 행복에 어떤 영향을 미치는지 파악해보고자 했다.

카카오같이가치 행복처방전 조사 목록(상호작용 활동)

1 영화, 콘서트, 전시회 등 문화생활을 즐길 때

2 여행을 할 때

3 맛있는 음식을 먹을 때

4 새로운 취미를 배울 때

5 가까운 사람들에게 선물할 때

6 친구들을 만날 때

상호작용 활동은 세렌디피티와 행복에 어떤 영향을 미칠까? 데이터 분석 결과 상호작용 활동은 특정 연령대에 한해 행복에 직접적으로 긍정적인 영향을 미치는 동시에, 세렌디피티를 향상하는 경로를 통해 전 연령대에서 긍정적인 영향을 미치는 것으로 확인됐다.

먼저, 상호작용 활동이 행복에 미치는 영향을 분석한 결과, 일부 연령대에 한하여 긍정적인 영향을 미치는 것으로 나타났다. 개인의 삶과 사회적 삶에서 동시에 다양한 과제가 주어지는 20~30대에서는 행복에 직접적인 영향을 미치지 못했다. 오히려 주어진 과제 외에 다양한 상호작용 활동에서 행복감을 느끼는 사람들에게는 행복에 부정적인 영향을 미쳤다. 이미 주어진 과제가 많은 상태에서 다양한 상호작용 활동을 시도하는 것 자체가 시간 부족, 심리적 스트레스로 이어지는 것이 아닐까 예상해볼 수 있다. 반면 개인과 사회적 삶에 주어지는 과제가 점차 감소하는 40대부터 60대까지 '상호작용 활동'이 행복에 직접적으로 긍정적인 영향을 미치는 것으로 확인되었으며, 이 영향력은 연령대가 높아질수록 더 강해졌다. 일상이 루틴화되는 노년기에 접어들수록 외부의 새로운 자극을 경험할 가능성이 높은 상호작용 활동이 행복에 도움이 된다고 볼 수 있다.

다음으로, 상호작용 활동은 전 연령대에서 세렌디피티를 향상시킴으로써 행복에 긍정적인 영향을 미치는 것으로 확인되었다. 앞서 설명한 것과 유사하게, 연령대가 높아질수록 상호작용 활동이 세렌디피티를 높이고, 행복에 미치는 긍정적인 영향력은 더 강해졌다.

분석을 통해 삶이 정적으로 루틴화되기 쉬운 은퇴 시기에는 외부의 자극을 다양하게 접할 수 있는 상호작용 활동을 더 많이 시도하는 것이, 세렌디피티 점수가 낮아지는 20~40대의 경우 단순히 상호작용 활동을 더 많이 시도하기보다는 일상 속에서 세렌디피티를 발견하는 역량을 키워가는 것이 행복을 높이는 데 도움이 될 것임을 확인할 수 있었다.

세렌디피티는 개인적 삶에만 긍정적인 영향을 미칠까?

세렌디피티는 행복뿐 아니라 사회적 성취와도 관련이 있다. 비즈니스 세계에서는 운칠기삼(運七技三)이라는 말이 자주 인용된다. 운이 70%, 노력이 30%란 뜻으로, 비즈니스에 있어서는 노력도 중요하지만 운도 매우 중요하다는 의미다. 경영학 분야의 연구에서 나이키, 애플, 할리데이비슨, 맥도날드 등 전 세계적으로 크게 성공한 기업들의 성공을 분석하고자 했으며, 그 성공에 세렌디피티와 같은 우연한 발견과 행운이 중요했다는 것을 보여준다(Brown, 2005).

특히 위기와 기회를 동시에 맞닥뜨리게 되는 기업 경영에 있어 기업 경영자의 역할은 매우 중요하다. '사전 지식(knowledge) – 검색(search) – 우발성(contingency)'으로 구성되는 세렌디피티의 프레임워크는 기업의 위기를 기회로 바꾸는 기업가 정신의 기반으로서 중요한 의사결정을 내리는 과정에 핵심적인 역할을 한다고 밝혀졌다(Dew, 2009).

이와 관련하여 세렌디피티 발생 패턴에 대한 연구도 이루어졌다. 기업가는 특정한 문제, 특정한 아이디어를 기반으로 단기적인 세렌디피티를 경험할 수도 있겠지만, 일상적으로 지속되는 일에 대한 고민과 다양한 측면에서의 노력, 몰입의 시간을 누적한 끝에 장기적인 기업가적 세렌디피티(entrepreneurial serendipity)를 경험하는 패턴을 발견했음을 보고했다(Mirvahedi, 2017).

일상 속에서 세렌디피티를 발견하고 싶다면

세렌디피티가 전반적인 행복과 삶의 의미, 만족은 물론 사회적 성취도 높일 수 있다면, 소소한 일상에서도 '세렌디피티'를 발견하는 능력을 계발하고자 노력할 가치가 있다. 몇 가지 간단한 방법을 일상 속에서 실천해보자.

새로운 사람들을 만날 기회를 만들자.

일상적인 사회관계에서 잠시 벗어나 더 다양한 사람들과의 만남을 가지는 것만으로도 세렌디피티를 경험할 가능성을 높일 수 있다. 우연한 사회적 만남에 대한 연구에서는, 목적이나 의도 없이 이루어진 새로운 사람과의 우연한 만남이 협업과 파트너링, 취업, 이직, 진로 결정 등에 긍정적인 영향을 주었을 뿐만 아니라 개인적 성취로 이어졌다고 밝혔다(Olshannikova et al., 2020).

여행, 외출 등 새로운 환경에 노출될 수 있는 기회를 만들자.

멀리 여행을 갈 수 없다면, 일상적인 공간에서 벗어나 자주 가지 않던 동네, 자주 가지 않던 미술관이나 박물관에 방문하는 것만으로도 세렌디피티를 경험할 가능성을 높일 수 있다. 여행과 관련된 연구에서는, 여행 중 마주하게 되는 세렌디피티의 순간들이 여행의 행복감을 연장하는 데 중요한 역할을 한다고 밝혔다(Kwon & Lee, 2020).

일상생활 중 크게 심호흡을 하고 현재 순간에 집중해보자.

또 다른 연구에서는, 마음챙김 상태에서 현재 상태를 인지하는 능력이 향상되었으며, 개방적이 되었고, 이에 따라 세렌디피티의 경험이 증가한다고 밝혔다(Weick & Sutcliffe, 2006). 이에 연구진들은 세렌디피티를 활성화하는 기업 내 환경을 구축하기 위한 한 방법으로 마음챙김 교육을 제안하기도 했다(Sandro, 2008).

Happiness in 2022

4

행복 활동

행복한 사람들은 무엇을 할 때 행복하다고 느낄까?

좋은 사람들과 맛있는 음식을 함께 하는 그 순간, 대부분의 사람이 행복하다고 말할 것이다. 그렇다면 땀을 뻘뻘 흘리며 무거운 덤벨을 들 때는 행복하다고 느낄까? 또는 조용히 앉아서 명상하고, 현재에 집중하는 행동을 통해 행복감을 느끼고 있을까? 어떤 사람들은 그럴 때 어떻게 행복을 느끼냐고 반문하겠지만, 또 어떤 사람들은 그때가 가장 행복한 순간이라고 말할 수도 있다. 지금부터 사람들이 일반적으로 무슨 활동을 할 때 행복을 가장 많이 느끼는지, 그리고 그러한 경향성이 행복한 사람들과 그렇지 않은 사람들 간에 다르게 나타나는지를 알아보고자 한다.

우리가 일상에서 흔히, 또는 가끔 경험하는 12가지 활동이 아래에
제시되어 있다. 이 중에서 당신을 가장 행복하게 만드는 활동은 무
엇인지 먼저 고민해보기를 바란다.

영화, 콘서트, 전시회 즐기기

여행하기

감사일기 쓰기

행복에 관한 책이나 강연 보기

친구 만나기

운동하기

가까운 사람에게 선물하기

조용히 명상하기

현재에 집중하기

새로운 목표 세우고 실천하기

새로운 취미 배우기

맛있는 음식 먹기

카카오같이가치를 통해 2만 1,312명의 대한민국 10~60대 사람들에게 앞에서 제시한 12개의 활동을 보여주면서, 각 활동을 할 때 얼마나 행복감을 느끼는지를 물었다(1점: 전혀 행복하지 않다, 7점: 매우 행복하다). 그 결과 **표1**에서 볼 수 있듯이, 사람들이 가장 많은 행복감을 느끼는 활동은 "여행할 때"(1등)와 "맛있는 음식을 먹을 때"(2등)인 것으로 나타났다. "친구를 만날 때"(3등), "선물할 때"(4등), "문화활동을 즐길 때"(5등)가 그 뒤를 이었다. 이들은 모두 7점 만점에 5점 이상의 행복감을 주는 소중한 행복 활동들이라 할 수 있다. 반면 사람들은 "감사일기를 쓸 때"(12등)를 가장 행복감을 덜 주는 활동으로 생각하는 것으로 나타났다. 감사일기 활동의 행복 점수는 3.81점인데, 응답의 중간점(4점)을 고려했을 때, 이는 사람들이 감사일기와 행복의 관련성을 낮게 인식하고 있다는 것을 의미한다. 이어 "행복 관련 책이나 강연을 볼 때"(11등), "운동을 할 때"(10등), "명상을 할 때"(9등) 등이 낮은 순위로 나타났다.

표1 활동별 행복 점수

등수	활동	평균점수
1	여행할 때	5.99
2	맛있는 음식을 먹을 때	5.90
3	친구를 만날 때	5.47
4	가까운 사람들에게 선물할 때	5.46
5	영화, 콘서트, 전시회를 즐길 때	5.41
6	새로운 취미를 배울 때	5.39
7	새로운 목표를 세우고 실천할 때	4.87
8	현재에 집중할 때	4.87
9	조용히 명상을 할 때	4.37
10	운동을 할 때	4.28
11	행복에 관한 책이나 강연을 볼 때	4.20
12	감사일기를 쓸 때	3.81

행복 점수 내림차순, 2022년 응답자 21,312명 기준

12개의 활동을 살펴보면, 활동의 내용은 모두 다르지만 특정 활동들 간 공통 요인이 있음을 알 수 있다. 예를 들어 "여행할 때"와 "맛있는 음식을 먹을 때"는 말 그대로 기분이 좋아지는 활동들이다. 반면 "현재에 집중할 때"와 "새로운 목표를 세우고 실천할 때" 등은 기분을 좋게 하는 활동들이라기보다는 삶의 의미를 높여주는 활동에 가깝다. 심리학자들이 자주 사용하는 통계기법 중 하나인 요인분석을 통해 분석해본 결과, 흥미롭게도 12개의 활동이 아래 그림과 같이 2개의 활동 그룹으로 명료하게 구분되는 것으로 나타났다. 우리는 각 활동 그룹을 헤도닉(hedonic) 활동 그룹과 유다이모닉(eudaimonic) 활동 그룹이라고 명명했다.

이 명칭이 한 번에 와닿지 않을 수 있지만 그 의미만큼은 직관적이다. Henderson 외 (2014), Huta과 Ryan (2010), Seligman (2002) 등 다수의 심리학 문헌에서 구분하듯이, 헤도닉 웰빙(well-being)은 즐거움, 신남 등의 긍정적인 감정 상태를 경험하는 것으로 정의되고, 유다이모닉 웰빙은 명확한 삶의 목표를 통해 내적 성장을 이루는 상태로 정의된다. 따라서 헤도닉 활동 그룹에 속한 활동들은 사

| 헤도닉 활동 | 유다이모닉 활동 |

영화, 콘서트,   여행하기
전시회 즐기기

감사일기 쓰기   행복에 관한 책이나
강연 보기

친구 만나기   가까운 사람에게
선물하기

운동하기   조용히 명상하기

새로운 취미 배우기   맛있는 음식 먹기

현재에 집중하기   새로운 목표 세우고
실천하기

여행, 미식 등
긍정적인 감정을
높여주는
헤도닉 활동을
할 때 사람들은
행복하다고 느낀다.

람들로 하여금 긍정적인 감정을 높여주는 것들이라 할 수 있다면, 유다이모닉 활동 그룹에 속한 활동들은 사람들의 목표나 성장과 관련한 것들이라 할 수 있다.

흥미롭게도 표1에서 행복 점수가 높은 상위 6개의 활동은 모두 헤도닉 활동 그룹에 속하고, 하위 6개 활동이 모두 유다이모닉 활동 그룹에 속한다. 한 가지 오해를 방지하기 위해 언급하자면 이렇게 상위 6개, 하위 6개라는 이유로 두 그룹으로 나눈 것은 아니다. 데이터를 기반으로 통계적으로 유사한 의미를 가지는 두 그룹을 나누었고, 그 그룹들의 개별 활동들을 나열했더니, 마침 상위권은 전부 헤도닉 활동이고 하위권은 모두 유다이모닉 활동인 것이다.

점수를 살펴보면 여행, 미식 등의 헤도닉 활동에서 느끼는 행복감은 평균 7점 만점에 5.6점으로 높은 편이지만 명상, 운동 등의 유다이모닉 활동에서 느끼는 행복감은 평균 4.4점으로 4점이 '보통'임을 감안할 때 행복을 크게 향상시킨다고 말하기 어렵다. 즉 사람들이 보통 '행복하다!'고 느낄 때는, 앞선 헤도닉 활동을 할 때인 것처럼 보인다.

그렇다면 이 경향성은 누구에게나 똑같이 나타나는 것일까? 심리학자들은 어떤 현상을 관찰한 후에 개인의 차이에 따라서 이 현상이 다르게 나타나는지에 관심을 가진다. 이에 우리는 행복한 사람과 불행한 사람을 비교했고, 나이와 성별에 따라서 각각 다른 패턴이 나타나는지를 살펴보았다. 그 결과 밝혀진 재미있는 현상들을 소개하고자 한다.

행복한 사람 vs. 불행한 사람

먼저, 행복한 사람과 불행한 사람 간에 다른 패턴이 나타나는지를 확인해보자. 그래프 3 을 살펴보면, 평소에 행복한 사람과 불행한 사람 모두 헤도닉 활동에서 더 큰 행복을 느낀다는 데에서 공통점을 가진다. 행복한 사람(5.88점)과 불행한 사람(5.33점) 모두 헤도닉 활동을 통해서는 높은 행복을 느낀다고 보고했다.

주목할 점은 유다이모닉 활동의 점수이다. 불행한 사람은 유다이모닉 활동을 통해 평균 3.99점의 행복을 느끼고 있는데, 이는 중간값이 4점임을 감안했을 때 행복을 느낀다고 보기 어려운 점수이다. 반면 행복한 사람들은 유다이모닉 활동을 통해 평균 4.80점의 행복을 느낀다고 보고하였고, 이는 어느 정도의 행복을 느낀다고 해석할 수 있다. 즉 행복한 사람들은 불행한 사람들에 비해 유다이모닉 활동에서도 행복을 더 잘 찾는 것으로 밝혀졌다. 종합하자면, 행복한 사람들은 보통의 사람들과 비교했을 때 일견 '행복과는 거리가 멀어 보이는' 활동들에서도 행복감을 느끼고 있다고 말할 수 있다.

고연령층 vs. 저연령층

이번에는, 나이에 따라서 다른 패턴이 나타나는지를 알아보자. 아래 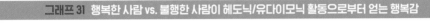를 살펴보면, 10대부터 60대까지 공통적으로 헤도닉 활동에서 유다이모닉 활동보다 더 많은 행복감을 느낀다고 응답했다. 그런데 헤도닉 점수만을 살펴보면, 나이에 따른 차이가 거의 나타나지 않는다. 통계적으로 그 차이가 얼마나 유의미한지를 판단해보았을 때, 60대(5.80점), 50대(5.68점), 10대(5.64점) 순서로 헤도닉 활동으로부터 가장 행복을 많이 얻는다고 응답했고, 이보다 점수가 낮은 20대(5.57점), 40대(5.55점), 30대(5.53점) 간에는 통계적인 차이는 발견되지 않았다. 즉 모든 나이에 걸쳐 전반적으로는 비슷한 수준으로 보고되었다.

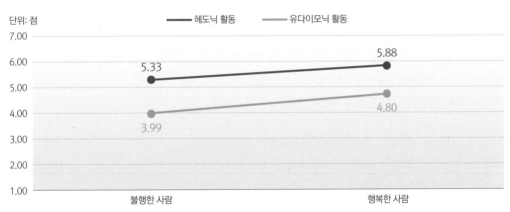

그래프 31 행복한 사람 vs. 불행한 사람이 헤도닉/유다이모닉 활동으로부터 얻는 행복감

그래프 32 나이에 따른 헤도닉/유다이모닉 활동으로부터 얻는 행복감

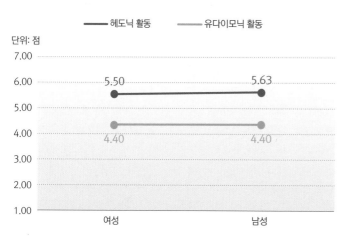

──── 헤도닉 활동   ──── 유다이모닉 활동

단위: 점

7.00

6.00   5.50   5.63

5.00

4.00   4.40   4.40

3.00

2.00

1.00

        여성   남성

유다이모닉
활동보다는
헤도닉 활동에서
얻는 행복감이 크지만
나이가 들수록
두 활동 모두
높은 수준의 행복을
느끼게 된다.

그런데 한편 유다이모닉 점수를 살펴보면 나이에 따른 차이가 명확하다. 나이가 듦에 따라 유다이모닉 활동을 통해 느끼는 행복이 커지는데, 10대(3.87점)에는 오히려 유다이모닉 활동에서 행복하지 않다고 응답하지만, 20대(4.13점), 30대(4.31점), 40대(4.48점), 50대(4.81점)로 갈수록 점점 그 점수가 높아진다. 그리고 60대(5.10점)에서는 헤도닉 활동에서 얻는 행복과 큰 차이(0.7점)가 나타나지 않는다. 결론적으로 사람들이 유다이모닉 활동보다는 헤도닉 활동에서 얻는 행복감이 크지만, 나이가 많아질수록 두 활동에서 모두 어느 정도 높은 수준의 행복을 느낄 줄 알게 되는 것이다. 삶의 지혜를 통해 유다이모닉 행동 또한 행복의 일부임을 깨달았기 때문이 아닐까?

여성 vs. 남성

마지막으로, 성별에 따라 다른 패턴이 나타나는지를 알아보았다 (그래프 33). 앞선 패턴들과 마찬가지로 여성과 남성 모두 공통적으로 헤도닉 활동에서 더 큰 행복을 느낀다고 보고했다. 그리고 이때 남성(5.63점)이 여성(5.50점)에 비해 근소하게 더 높은 행복을 느낀다고 보고했고 이는 통계적으로 유의미했다.

반면 유다이모닉 활동에서는 성별의 차이가 나타나지 않았다. 여성(4.40점)과 남성(4.40점) 모두 명상이나 운동 등의 유다이모닉 활동을 통해서는 비슷한 수준의 행복감을 보고한 것이다.

삶의 지혜를 통해
유다이모닉 활동 또한
행복의 일부임을
깨달았기 때문이
아닐까?

행복한 사람들의 특징

우리는 각양각색의 성격을 가지고, 다른 환경에서 살고 있으며, 각
자만의 고유한 취향이 있으므로 모두를 행복하게 하는 만능 행복
처방전이 있다고 말하기는 어렵다. 그렇지만 적어도 우리 연구진의
발견에 따르면, 어떤 활동들은 행복한 사람들에게 유독 행복감을 제
공하는 것처럼 보인다. 운동, 명상, 감사일기와 같은 유다이모닉 활
동들은 겉으로 보기엔 부담스럽거나 어렵게 느껴질 수 있지만, 행복
한 사람들은 이런 활동에서도 충분한 행복감을 경험하고 있다. 그렇
다면 유다이모닉 활동에 행복의 비결이 숨겨져 있는 것은 아닐까.
만일 당신을 행복하게 하는 활동에 유다이모닉 활동이 포함되지 않
았다면, 이번 기회에 하나씩 시도해보는 것은 어떠한가? 유다이모
닉 활동에서의 행복감을 한 번 느끼게 되는 순간, 미처 알지 못했던
새로운 행복의 세계가 열릴 수도 있다.

Happiness in 2022

5
경쟁심과 행복
비교해야 할 사람은 남이 아닌 나

경쟁심이 언제나 행복의 방해 요소이기만 할까? 목표를 향해 힘차게 나아가며 삶을 더 풍성하게 만드는 데 도움이 되는 적응적인 경쟁심은 없을까? 대한민국 경쟁심의 현주소를 파악해보고 경쟁심은 행복과 어떤 관계가 있는지 알아보자.

경쟁에서 이기고 싶은가, 지고 싶은가? 특별한 이유가 없다면 열에 아홉은 경쟁에서 이기고 싶다고 대답할 것이다. 패배가 주는 쓰라림보다 승리가 주는 달콤함은 즐거운 보상이 될 테니까. 하지만 승리에 과도하게 집착하는 경쟁심은 행복에 도움이 되지 않는다. 그런데 경쟁심이 언제나 행복의 방해 요소이기만 할까? 극한 경쟁심은 독이 될 수 있지만, 득이 되는 경쟁심은 불가능한 바람일까? 목표를 향해 힘차게 나아가며 삶을 더 풍성하게 만드는 데 도움이 되는 적응적인 경쟁심은 없을까?

대한민국은 경쟁사회라는 것에 동의하지 않는 사람은 거의 없을 것이다. 사교육, 외모, 스펙, 취업, 연봉, 지위, 소비, 인간관계, 결혼, 자녀 등등 모든 도메인에서 경쟁이 이루어지며, 타인보다 더 잘 살기 위해 사람들은 엄청난 시간, 돈, 에너지를 투자한다. 그렇다면 경쟁사회에 사는 한국인의 경쟁심은 얼마나 강할까? 경쟁심이 높은 사람은 과연 행복할까? 카카오같이가치 데이터를 통해 경쟁심과 행복이 어떠한 관계인지 알아보았다.

"다 감수하시겠습니까?"
— 드라마 〈스카이캐슬〉의 김주영

인기를 끌었던 드라마 〈스카이캐슬〉은 아이들을 SKY대학교에 입학시키기 위한 경쟁 속 고군분투하는 가족들의 모습을 담았다. 극본 중 SKY 입학 성공률 100%를 보장하는 코디네이터 김주영이 학부모에게 딸을 SKY에 입학하게만 해준다면 무슨 일이 생겨도 다 감

수하겠냐고 묻고, 학부모 한서진은 그러겠다고 한다. 심지어 같은 집에서 생활하게 된 학생이 남편의 혼외자인 것을 알게 됐을 때도 딸에게 자극을 줄 수 있는 경쟁 상대로 이용하려고 계속 같이 지낸다. 자신의 딸을 대한민국 최고의 대학교에 보내기 위해서, 즉 경쟁에서 승자가 되기 위해서 못 할 것이 없는 캐릭터이다.

경쟁심이란 무엇일까? 경쟁심은 남보다 더 좋은 성과를 내고 싶어 하는 마음을 말한다. 타인에게 자극을 받는 것은 자연스러운 일이다. 심리학 실험에서 밝혀진 바로는 옆에 누군가가 있는 것만으로도 사람들은 실 감기, 달리기 등 간단한 활동을 실행하는 속도가 빨라진다(Bond & Titus, 1983; Markus, 1978; Schmitt et al., 1986; Triplett, 1898). 달리기 경주에서 페이스메이커가 사용되는 이유 중 하나도 이것과 관련이 있다. 앞서 달리는 사람의 존재가 선수에게 자극이 되어 새로운 기록을 새우는 데 도움이 된다.

타인을 이기고 싶은 마음은 개인의 발전을 돕기도 하며 우수한 성과를 내게 하기도 한다. 또한 경쟁심은 경쟁이 요구되는 사회에서 생존에 적합화된 능력으로, 일종의 생활력으로 볼 수도 있다. 반면 경쟁자를 무조건 이겨야 한다는 생각은 불안감과 스트레스를 증가시킬 수 있다. 앞서 언급한 드라마 속에서 한서진의 딸은 과도한 부담감을 느껴 결국에는 멘탈이 무너진다.

그렇다면 경쟁심은 행복에 어떠한 영향을 미칠까? 답은 어떠한 경쟁심인지에 따라 다를 것이다. 학자들은 크게 긍정적인 결과로 이어지는 경쟁심과 부정적인 결과를 초래하는 경쟁심으로 구분한다. 여기서는 행복과 관련해서 긍정적으로 작용하는 경쟁심을 '적응적 경쟁심', 그리고 안 좋게 작용하는 경쟁심을 '부적응적 경쟁심'이라고 칭하겠다. 적응적 경쟁심은 경쟁적인 상황을 즐기며 타인에게 건강한 자극을 받아 더 열심히 노력하는 성향을 의미한다. 반면 부적응적 경쟁심은 무조건 남보다 잘하고 이겨야 한다고 생각하는 성향을 말한다. 드라마 캐릭터뿐만 아니라 주변에서 각각 타입의 경쟁심이 높은 인물을 떠올려볼 수 있을 것이다.

2022년 한국인들의 경쟁심은 어느 정도였을까? 한국인들은 평소에 어느 정도로 남에게 건강한 자극을 받아 동기부여가 되는지(적응적 경쟁심), 어느 정도로 남을 꼭 이겨야 한다는 생각으로 사는지(부적응적 경쟁심), 그리고 이 두 가지 경쟁심이 행복에 어떻게 영향을 미치는지 확인해보았다.

경쟁심 척도 측정 문항

경쟁심 측정을 위해 Spence와 Helmreich (1983)의 5문항 경쟁심 척도를 사용했고 앞서 정의한 경쟁심 개념에 맞게 적응적 경쟁심과 부적응적 경쟁심으로 문항을 구분하였다.

적응적 경쟁심	남들과 경쟁적인 상황에서 일하는 것을 즐긴다. 남들과 경쟁할 때 나는 더 열심히 노력한다.
부적응적 경쟁심	남들보다 더 잘하는 것이 중요하다. 일과 놀이 모든 것에서 이기는 것이 중요하다. 남들이 나보다 잘하면 짜증이 난다.

2022년 경쟁심 조사에 총 2,497명이 참여했다. 여성 응답자가 72.89%로 남성 응답자 27.11%보다 2.7배 많았으며 20~30대가 54.78%로 절반 이상을 차지했다. 2022년 한국인들의 적응적 경쟁심 평균값은 7점 만점에 4.12점(표준편차 1.63)였고 보통(4점) 이상의 응답자는 44.25%였다. 이와 달리 부적응적 경쟁심 평균값은 7점 만점에 4.50점(표준편차 1.65)이었고 보통(4점) 이상의 응답자는 60.15%로 절반 이상을 차지했다. 두 가지 경쟁심 평균점수의 차이는 유의했는데, 즉 대체로 사람들은 적응적 경쟁심보다 부적응적 경쟁심이 더 강한 것을 의미한다. 또한 그래프 34 에서 확인할 수 있듯이

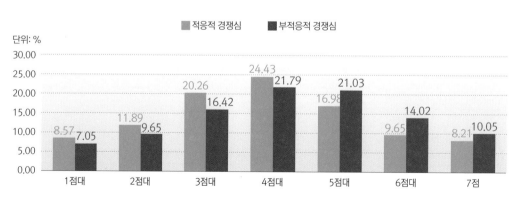

그래프 34 경쟁심 점수대별 분포

부적응적 경쟁심이 적응적 경쟁심보다 우측으로 치우쳐져 있다. 이는 보통 이상으로 남에게 건강한 자극을 받는 사람보다는 남을 무조건 이기고 싶어 하는 사람이 더 많다는 것을 시사한다.

여성과 남성, 누가 더 경쟁심이 높을까?

한국인의 적응적 경쟁심을 성별로 분석한 결과, 여성이 평균 4.04점로 평균 4.33점을 나타낸 남성보다 경쟁적인 상황을 덜 즐기고 남에게 자극을 덜 받는 것으로 나타났다. 반면 부적응적 경쟁심 점수에서는 여성 평균 4.48점과 남성 평균 4.53점이 큰 차이 없는 것으로 나타났다.

연령에 따른 경쟁심 추이

적응적 경쟁심과 부적응적 경쟁심을 연령대별로 본 결과, 다소 상이한 패턴이 발견되었다. 적응적 경쟁심의 경우 10대가 가장 높고 30대까지 감소하다가 40대부터 다시 증가하는 U 형태를 나타낸다. 부적응적 경쟁심의 경우 10대가 가장 높고 40대까지 계속 감소하다가 50대에 통계적으로 유의하지는 않지만 살짝 증가하는 패턴을 보인다. 참고로 60대와 70대 응답자 표본이 상대적으로 부족해서 분석의 정확성을 높이기 위해 50대와 함께 묶어 분석했으며, 50대 이상 집단에서는 총 141명이 참여했다.

결론적으로 경쟁을 즐기고 동기로 삼는 성향은 10대와 50대 이상 집단이 가장 높고 비교적 여유가 없는 20~40대가 가장 낮은 것으로 보인다. 남을 꼭 이겨야 한다는 생각은 10대부터 40대까지 감소하는 것으로 보인다.

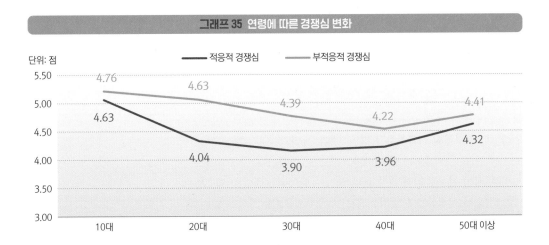

그래프 35 연령에 따른 경쟁심 변화

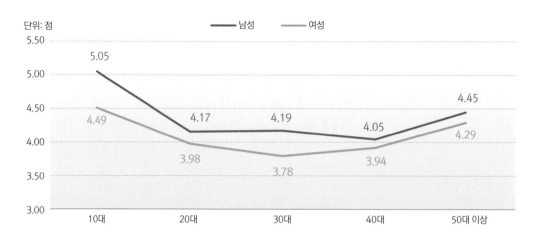

그래프 36 성별 및 연령에 따른 적응적 경쟁심의 변화

단위: 점

━━ 남성   ━━ 여성

5.05
4.49
4.17
3.98
4.19
3.78
4.05
3.94
4.45
4.29

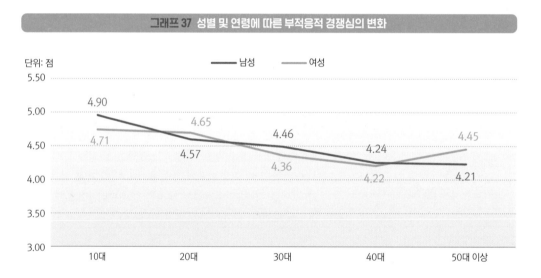

그래프 37 성별 및 연령에 따른 부적응적 경쟁심의 변화

단위: 점

━━ 남성   ━━ 여성

4.90
4.71
4.65
4.57
4.46
4.36
4.24
4.22
4.45
4.21

그렇다면 연령대별로 경쟁심 성차가 존재할까? 우선 적응적 경쟁심을 보면 남성과 여성 집단에서 비슷하게 U 형태를 나타냈으며 앞서 언급했듯이 남성의 평균점수가 전반적으로 높다. 하지만 추가 분석을 해보면 유의한 차이는 10대와 30대에서만 나타난다. 즉 10대와 30대 남성이 여성에 비해 경쟁을 더 즐기는 것으로 보인다. 이와 달리 부적응적 경쟁심은 눈여겨볼 만한 연령대별, 성별 차이가 없는 것으로 나타났다.

지역별 경쟁심은 어떨까?

이번에는 적응적 경쟁심 점수에서 부적응적 경쟁심 점수를 뺀 경쟁심 차이 점수로 분석을 해보았다. 점수가 높을수록(양수일 경우) 적응적 경쟁심이 부적응적 경쟁심보다 높다는 것을 의미하고 점수가 낮을수록(음수일 경우) 부적응적 경쟁심이 적응적 경쟁심보다 높다는 것을 의미한다. 흥미롭게도 지역별 모든 점수는 음수였고 이것은 모든 지역에서 평균적으로 남을 항상 이기고 싶은 마음이 남에게 적당한 자극을 받고 경쟁을 즐기는 마음보다 컸다는 것을 시사한다. 지역 중 전라북도와 전라남도의 평균점수가 가장 낮았고 세종시의 평균점수가 가장 높았다. 다만 세종시를 포함한 일부 지역의 경우 응답자 표본 수가 적어 결과를 해석하는 데 있어 제한적이다.

그래프 38 지역별 경쟁심 평균 차이 점수

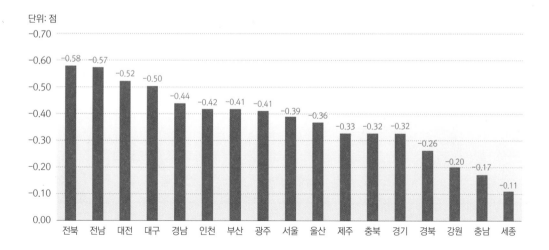

경쟁심은 행복에 어떠한 영향을 미칠까? 우선 적응적 경쟁심은 안녕지수 총점 및 삶의 만족, 삶의 의미, 긍정정서와 정적인 관계를 맺고 있었다. 즉 경쟁을 즐기고 경쟁으로부터 동기부여가 될수록 삶에 더 만족하고, 의미를 더 느끼고, 긍정정서를 더 경험하고, 전체적으로 더 행복한 것으로 나타났다. 반면 부적응적 경쟁심은 안녕지수 총점과 강하지는 않지만 부적 상관이, 그리고 부정정서와 정적 상관이 있는 것으로 나타났다. 즉 부적응적 경쟁심이 높을수록 스트레스와 같은 부정정서를 더 많이 경험하는 것으로 나타났다.

경쟁심 차이 점수로 분석을 했을 때 결과는 비슷했지만 상관관계가 전체적으로 다소 강하게 나타났다. 적응적 경쟁심이 부적응적 경쟁심 대비 높을수록 안녕지수 총점, 삶의 만족, 삶의 의미, 그리고 긍정정서와는 정적 상관이, 부정정서와는 부적 상관이 있는 것으로 나타났다. 개별적인 경쟁심 점수보다는 부적응적 경쟁심 대비 적응적 경쟁심이 높은 정도가 행복에 더 많은 영향을 미치는 것으로 보인다.

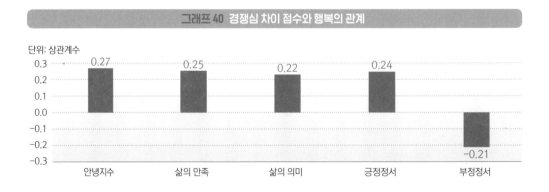

그래프 39 경쟁심과 행복의 관계

단위: 상관계수

■ 적응적 경쟁심 ■ 부적응적 경쟁심

	안녕지수	삶의 만족	삶의 의미	긍정정서	부정정서
적응적 경쟁심	0.15	0.23	0.23	0.21	(−0.04)
부적응적 경쟁심	−0.11	(0.00)	(0.02)	(−0.02)	0.16

그래프 40 경쟁심 차이 점수와 행복의 관계

단위: 상관계수

안녕지수	삶의 만족	삶의 의미	긍정정서	부정정서
0.27	0.25	0.22	0.24	−0.21

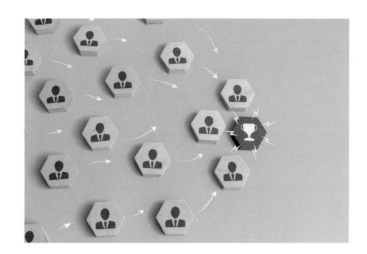

경쟁심과 행복의 관계, 성별과 연령에 따라 달라지는가?

경쟁심 차이 점수와 안녕지수, 긍정정서, 삶의 만족, 삶의 의미, 그리고 부정정서의 상관은 성별에 따라 크게 달라지지 않았다. 하지만 연령에 따른 상관관계 패턴이 나타났다. 흥미롭게도 경쟁심과 각종 안녕지수의 상관관계가 10대부터 30대까지 감소하다가 50대 이상까지 다시 증가하는 U자형 패턴을 보인다. 본 조사에서 이러한 패턴의 원인을 밝혀내기는 어렵지만 비교적 여유나 경쟁할 에너지가 없을 때 경쟁심이 행복에 미치는 영향이 완화되는 것이 아닐까 추측을 해본다.

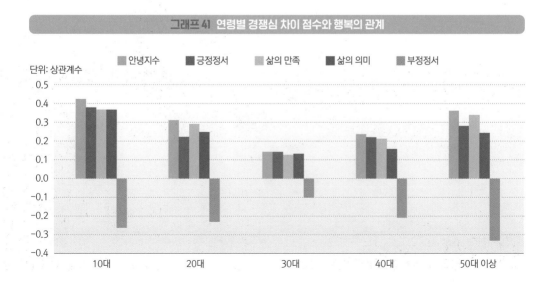

그래프 41 연령별 경쟁심 차이 점수와 행복의 관계

Happiness in 2022

6

나르시시즘과 행복

나를 사랑할수록 더 행복할까?

자기를 사랑하는 마음은 크면 클수록 좋을까? 건강한 자기애와 지나친 자기애는 어떻게 구분할 수 있을까? 나르시시즘은 행복과 어떤 관계가 있는지 알아보자.

자기 자신을 사랑하고 스스로에 대해 관대한 마음을 갖는 것은 굿 라이프를 살아가는 데 도움이 된다. 하지만 스스로를 사랑하고 존중하는 마음이 적정 수준을 넘어 과도해지는 것은 행복에 걸림돌이 될 수도 있다. 그렇다면 건강한 자기애와 지나친 자기애는 어떻게 구분할 수 있으며 각각은 행복과 어떤 관계를 맺고 있을까? 나를 더 많이 사랑하되, 과도하게 나를 사랑하는 사람들은 건강하게 나를 더 많이 사랑하는 사람들과 어떻게 다를까?

'나르시시즘(narcissism)'이란 과도한 자기애 또는 자기중심적 성격을 일컫는 용어이다. 나르시시즘은 나르키소스(narcissus)라는 그리스-로마 신화에 등장하는 인물로부터 유래하였다. 나르키소스는 그를 흠모하는 그 누구의 마음도 받아주지 않은 벌로 평생 물속에 비친 자신의 모습과 사랑에 빠지게 된다. 나르시시즘 성향은 사회 및 성격 심리학에서 많이 연구가 되어왔는데, 이는 하나의 성격 요인으로 우리의 삶과 대인관계에 부정적인 역할을 한다고 밝혀졌다. 나르시시스트들은 대개 본인이 남들보다 우월하고, 특별하고, 중요하며, 자격이 있다고 생각한다(Sedikides, 2021). 특히나 그들은 대인관계를 본인이 우월감을 느끼고 주변의 관심을 끌기 위한 목적으로 이용하기 때문에, 관계가 우리에게 주는 긍정적인 효과를 얻지 못할 뿐 아니라 타인과 좋은 관계를 만들고 유지하는 것을 어렵게 만든다. 그렇다면 한국인들의 나르시시즘 성향은 어느 수준일까? 카카오같이가치를 통해 한국인들의 나르시시즘에 대해 알아보았다.

두 가지 형태의 나르시시즘

나르시시즘은 크게 두 가지 형태로 나누어진다. 첫째, 이미 위에서 묘사한 특징으로서 대중에게 보편적으로 알려져 있는 나르시시즘

인 '웅대한 나르시시즘(grandiose narcissism)'이다. 웅대한 나르시시즘 성향을 가진 사람들은 외향적이며, 과시하기를 좋아하고, 스스로에게 확신이 있으며, 지배적이고, 타인을 교묘하게 조종한다. 이러한 나르시시스트들은 자기 자신을 지나치게 좋게 보는 경향성인 '자기고양(self-enhancement)' 동기를 두 가지 영역에서 충족하려고 한다. 구체적으로 '주체적 나르시시트(agentic narcissist)'들은 자신의 능력과 지능 등을 과장되게 보는 반면, '공동체적 나르시시트(communal narcissist)'들은 자신이 실제 자신보다 과장되게 온화하고, 친사회적이라고 생각하는 경향성을 보인다.

두 번째 형태의 나르시시즘으로는 대중적으로 덜 알려져 있는 형태로서 '취약한 나르시시즘(vulnerable narcissism)'을 들 수 있다. 취약한 나르시시트들은 대개 내향적이고, 걱정이 많으며, 대인관계에서 방어적인 면을 보인다.

나르시시즘=자존감?
언뜻 보면 나르시시즘이 자존감과 같은 것으로 보일 수 있다. 실제로 많은 연구에서 나르시시즘과 자존감 간의 정적인 상관관계가 발견되었다(Hyatt et al., 2018). 즉 나르시시즘 척도에서 높은 점수를 받은 사람이 자존감 척도에서도 높은 점수를 받는 경향이 있다는 것이다. 그러나 자존감이 높다고 나르시시즘 성향이 많다는 것을 의미

하지는 않는다. 왜일까? 앞서 언급했듯이 나르시시스트들은 자신을 지나치게 긍정적으로 보려는 자기고양 동기가 강하다. 따라서 나르시시스트들은 스스로를 자존감도 높은 사람으로 평가하려고 한다. 하지만 나르시시즘과 자존감은 근본적으로 다르다. 나르시시스트들은 근거 없이 자신들이 남보다 월등히 뛰어나다고 믿는 반면, 자존감이 높은 사람들은 타인과의 비교가 아닌 자신의 가치 그 자체를 높게 평가하는 것이다(Brummelman et al., 2018). 이 둘은 근원도 다르다. 나르시시즘 성향과 자존감은 사회화의 결과물인데, 나르시시스트들은 어린 시절 부모의 과장된 칭찬이나 지나친 애정으로 인해 형성되는 반면, 자존감이 높은 사람은 부모가 따뜻한 애정을 바탕으로 한 양육을 통해 형성된다. 이렇게 겉으로는 자존감이 높아 보이지만 내면에서는 자신의 낮은 자존감을 감추기 위해 자신의 위대함을 과장하려 하는 나르시시스트들을 이제 구분할 수 있지 않을까?

나르시시즘은 어떻게 측정할까?

나르시시즘을 측정하는 대표적인 척도로 Narcissism Personality Scale(NPI)이 있다. NPI는 웅대한 나르시시즘을 측정하는 척도로서, 40개의 문항이 5개의 하위 요인인 '리더십(leadership)', '과시(exhibitionism)', '자만(vanity)', '조종(manipulativeness)', '우월감(superiority)'을 측정한다(Ackerman, 2016). 카카오같이가치 설문조사에서는 이 중 8개의 문항을 사용하였으며, 실험 참가자들은 각 문장을 읽고 동의하는 정도를 7점 척도(1=전혀 그렇지 않다, 7=매우 그렇다)를 사용하여 응답하는 방식으로 이루어졌다. 각 문항의 점수가 높을수록 나르시시즘 성향이 높은 것을 의미하고, 역문항은 점수가 낮을수록 나르시시즘 성향이 높은 것을 의미한다.

나르시시즘 척도 문항
1 나는 사람들에게 엄청난 영향력을 주는 존재다.
2 나는 누구든 내가 바라는 대로 설득할 수 있다.
3 나는 사람들에게 주목받는 것을 좋아한다.
4 나는 스스로 자랑하거나 과시하지 않으려고 노력한다. (역문항)
5 나는 솔직히 평범한 사람인 것 같다. (역문항)
6 사람들은 내 이야기를 듣고 싶어 한다.
7 나는 누구에게나 인정받는 대단한 사람이 될 것이다.
8 나는 다른 사람들보다 유능한 편이다.

한국인의 나르시시즘

카카오같이가치 나르시시즘 조사에는 총 7,941명이 참여했다. 응답자 중 여성이 74.3%를 차지했으며, 10~30대 응답자들이 89.5%로 대다수를 차지했다(표2). 2022년 한국인의 나르시시즘 수준은 7점 만점에 3.99(표준편차 1.18)였다. 대부분의 응답자가 자신의 나르시시즘 수준을 '보통'에 해당하는 4점으로 평가했다(그래프 42).

표 2 나르시시즘 조사에 참여한 응답자의 성별, 나이별 분포

	남성	여성
10대	363	1,472
20대	931	2,335
30대	553	1,455
40대	144	445
50대	33	166
60대 이상	13	31
합계	2,037	5,904

성별과 연령에 따른 한국인의 나르시시즘 추이

한국인의 나르시시즘 수준을 성별로 분석한 결과, 남성(평균 4.05점)
이 여성(평균 3.97점)보다 나르시시즘 점수가 높게 나타났다. 그렇다
면 연령에 따른 나르시시즘 수준은 어떻게 달랐을까? 나르시시즘
점수가 가장 높은 연령대는 10대였으며, 이 결과는 자기중심적 사
고를 하는 요즘 10대들의 면을 보여주기도 한다(그래프 43). 또한 연령
별에 따른 나르시시즘 점수는 남녀에 따라 달랐다. 그 양상을 보면,
남성의 경우 나르시시즘 수준이 30대에 가장 낮고 그 이후로 다시
증가하는 모습을 보였으며, 여성의 경우 이 수준이 40대까지 떨어
지다 50대부터 다시 올라가는 모습을 보였다(그래프 44).

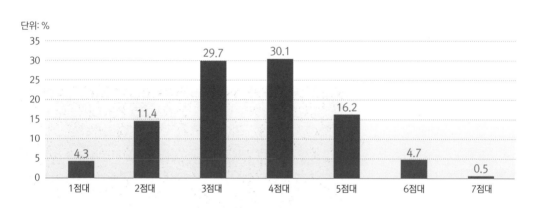

그래프 42 나르시시즘 점수대별 분포

단위: %

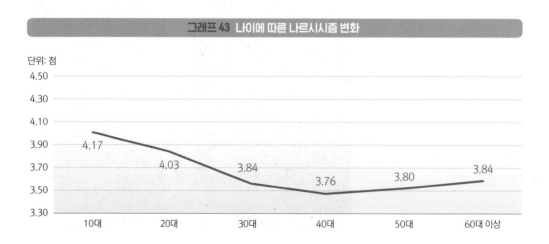

그래프 43 나이에 따른 나르시시즘 변화

단위: 점

가장 나르시시즘이 높은 지역은?

거주 지역에 따라 나르시시즘 점수에 차이가 날까? 거주 지역별 나르시시즘 점수 평균값을 계산한 결과, 세종시의 나르시시즘 점수가 4.06으로 가장 높았다(그래프 45). 그 뒤를 이어 인천, 서울, 충남 순으로 나르시시즘 점수가 높은 것으로 보고됐다. 가장 겸손한 지역은 광주, 경남, 전남 순이었다.

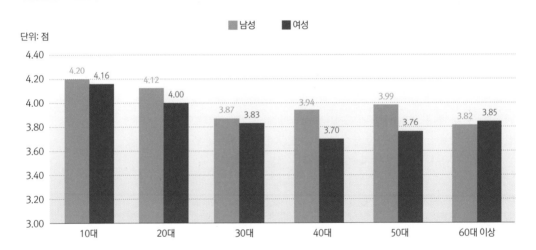

그래프 44 성별과 연령별 나르시시즘 점수

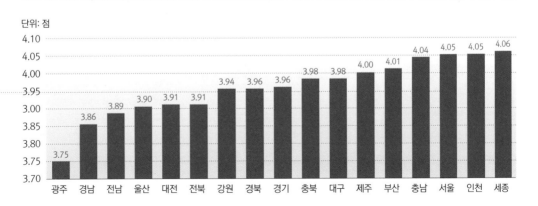

그래프 45 지역별 나르시시즘 점수

자기애는 일반적으로 행복에 도움이 되는 것으로 알려져 있다. 그러나 자신을 사랑하는 방식의 차이는 행복의 차이를 유발한다. 나르시시즘은 근거 없이 다른 사람보다 자신을 과대평가하는 성향을 나타낸다. 그래서 나르시시즘이 높은 사람들은 '잘난 체'하는 사람으로 비치곤 한다. 반면 자존감이 높은 사람들은 자신의 모습 그대로를 사랑한다. 이런 특성 때문에 자존감은 건강한 자기애로 표현되는 반면에 나르시시즘은 지나친 자기애로 나타낼 수 있다. 자존감에 관한 연구 결과들을 정리한 논문에 따르면, 높은 자존감은 몸과 마음 건강에 도움이 될 뿐만 아니라 사회적 관계에도 도움이 되는 것으로 나타났다(Orth & Robins, 2022).

나르시시즘과 자존감이 개인의 자기 행복에 미치는 영향은 어떨까? 자신을 사랑한다는 공통점을 고려했을 때, 두 가지 방식의 자기애가 행복과 맺고 있는 관계 역시 동일하게 나타날까? 혹은 지나친 자기애가 행복에 미치는 영향은 자존감과 다를 것인가? 이를 확인하기 위해 나르시시즘과 자존감, 그리고 안녕지수에 응답한 사람들을 대상으로 자기애와 행복이 맺고 있는 관계를 살펴보았다. 여기서는 가장 널리 사용되는 로젠버그 자존감 척도(Rosenberg Self-esteem scale)를 통해 측정했다. 응답자들은 10개 문항을 읽고 7점 리커트 상에(1=전혀 그렇지 않다, 7=매우 그렇다) 자신의 모습과 일치하는 정도를 표시했다. 점수가 높을수록 자존감이 높다는 것을 의미한다.

먼저 자존감과 행복은 정적으로 관련되어 있는 것으로 나타났다. 즉 자존감이 높을수록 경험하는 행복 역시 높아진다는 것을 의미한

나르시시즘과
자존감의 차이는
행복에 있다

로젠버그 자존감 척도
1 나는 무엇이든 다른 사람들만큼 잘할 수 있다.
2 나는 나 자신에 대해 긍정적으로 생각한다.
3 사람들과 비교했을 때 나는 가치 있는 사람이라 믿는다.
4 나에게도 몇 가지 좋은 장점이 있을 것이라고 믿는다.
5 전반적으로 나는 실패자인 것 같다.
6 내게는 내세울 만한 것이 없다.
7 대체로 나 자신에 만족하고 있다.
8 나는, 내가 나를 좀 더 존중했으면 좋겠다.
9 때때로 내가 아주 쓸모없는 사람이라는 느낌이 든다.
10 때때로 내가 무능하다는 생각이 든다.

다. 나르시시스트 역시 높은 행복을 경험하고 있는 것으로 나타났다. 그러나 자존감과 나르시시즘이 행복에 미치는 정도는 다소 차이가 있는 것으로 나타났다. 나의 자존감이 1점 상승한다면 안녕지수는 0.90점 높아지는 반면에 나르시시즘은 행복을 0.46점 높이는 데 그치는 것으로 나타났기 때문이다. 두 가지 방식의 자기애가 삶의 의미와 맺고 있는 관계 역시 안녕지수와 유사하게 나타났다. 건강한 자기애인 자존감은 삶의 의미를 1.20점 높이는 반면에 지나친 자기애인 나르시시즘은 0.82점 높이는 것으로 나타났다.

스트레스의 경우, 나르시시즘은 0.23점을 감소시키는 반면에 자존감은 스트레스를 0.71점 감소시켰다. 이는 주중과 주말 간 스트레스 차이(0.08점)와 비슷한 수준이다. 즉 자존감이 높아지면 주말에 스트레스가 감소하는 정도의 심리적 혜택을 누리는 것과 유사하다.

나르시시즘과 자기애는 모두 행복에 도움이 될 수 있다는 점에서 공통점이 존재한다. 그러나 두 자기애 간의 차이점도 분명히 존재한다. 지나친 자기애에 비해 건강한 자기애는 행복을 더욱 높이고, 스트레스를 줄여줄 뿐만 아니라 대인관계에도 긍정적인 영향을 미칠 수 있다. 반면 지나친 자기애는 다른 사람과의 관계에 도움이 되지 않으며 심지어 반사회적 행동을 더 많이 하도록 만들기도 한다. 이러한 결과들은 나를 어떻게 사랑해야 하는지 그 방법을 알려준다. 누군가와의 비교가 아니라 온전히 자신 스스로를 사랑하는 것, 굿라이프를 위한 출발점일 것이다.

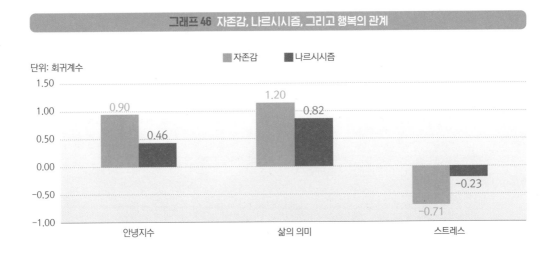

그래프 46 자존감, 나르시시즘, 그리고 행복의 관계

■ 자존감 ■ 나르시시즘

단위: 회귀계수

안녕지수: 자존감 0.90, 나르시시즘 0.46
삶의 의미: 자존감 1.20, 나르시시즘 0.82
스트레스: 자존감 -0.71, 나르시시즘 -0.23

Happiness in 2022

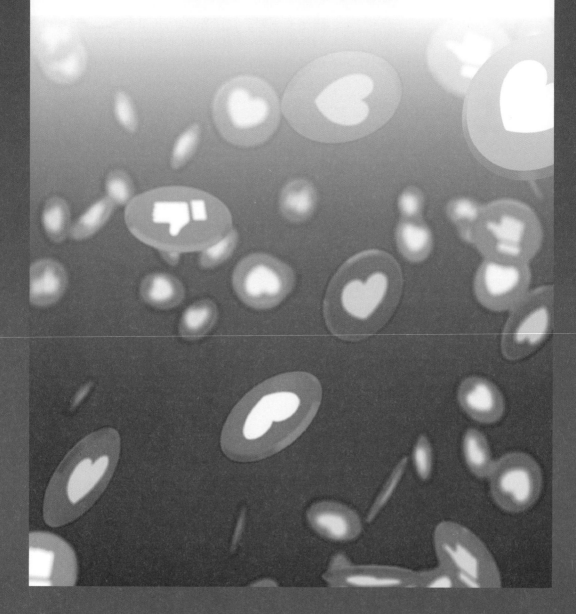

7
공감
당신이 잘 있으면 나도 잘 있습니다

공감은 타인의 세계와 소통하는 능력이다. 나 자신을 타인의 위치에 두고 그 사람이 경험하는 것을 느끼고 이해하는 능력, 이 소통의 능력은 정서와 인지 과정을 통해 이뤄진다. 타인의 감정을 같이 느끼는 것을 정서적 공감, 타인의 관점에서 이해하는 것을 인지적 공감이라 부른다. 이 능력은 인간관계를 형성하고 효과적으로 의사소통하고 협력하여 문제를 해결할 때 긴요하다. 이 능력 없이 인간이 사회적 존재로 잘 기능하기란 불가능하다.

"느낌이라는 층위에서 나와 너는 대체로 타자다. 나는 그저 '나'라는 느낌, 너는 그냥 '너'라는 느낌. (중략) 아마도 그것은 느낌의 세계 안에서 드물게 발생하는 사건일 것이다. 분명히 존재하지만 명확히 표명될 수 없는 느낌들의 기적적인 교류. 그러니까 어떤 느낌 안에서 두 존재가 만나는 짧은 순간. 나는 너를 사랑하기 때문에 지금 너를 사로잡고 있는 느낌을 알 수 있고 그 느낌의 세계로 들어갈 수 있다. 그렇게 느낌의 세계 안에서 우리는 만난다. 서로 사랑하는 이들만이 느낌의 공동체를 구성할 수 있다."
– 신형철 『느낌의 공동체』 중에서

독립된 개인들이 혼자가 아니게 되는 순간이 있는데, 그 순간은 타인의 감정을 이해하고 감응하는 공감을 통해 형성된다. 공감은 부정적인 감정을 겪는 사람의 기분을 완화시켜 안정감을 주고(Howe, 2012), 연인관계처럼 친밀한 사이를 더욱 돈독하게 하고(Cramer & Jowett, 2010), 타인의 고통에 주의를 기울이게 하여 도움을 이끌고(Blum, 1980), 친사회적 행동을 높인다(Batson et al., 2009). 특히 공감은 이타 행동을 이끄는 가장 대표적인 내적 요인으로 알려진다. Batson (2011)의 공감-이타주의 가설(empathy-altruism hypothesis)에 따르면, 사람들에게는 자기중심적인 동기와 타인의 안녕을 염려하는 이타적 동기 둘 다 존재하는데, 그중에서 타인의 고통에 공감할 때 발현되는 이타적 동기가 이타 행동을 유발한다. 이처럼 공감은 이타 행동을 촉진하는 주요인으로 꼽힌다.

반대로 대인관계에서 공감이 이뤄지지 않는다면 그 관계는 유지되기 어렵다(Butler et al., 2003). 사이코패스나 자폐성처럼 공감력이 낮게 되어도 사회관계에서 기피되거나 소외될 수 있다(Fonagy et al., 2002).

공감의 유형
공감에는 크게 두 가지 유형이 있다. 정서적 공감과 인지적 공감이다. 둘은 타인과 연결되는 심리 현상이라는 데 공통되지만 공감에 닿는 심리적 과정이 서로 다르다. 신경학적 기전도 다르다.

정서적 공감은 타인이 경험하는 감정에 감응하는 것을 가리킨다(Spinella, 2005). 정서적 공감이 이뤄지면 타인이 경험하는 감정에 근사한 감정을 같이 경험할 수 있다. 이는 의도적이라기보다 자동적으로 이뤄진다. 예를 들면 타인의 얼굴 표정, 목소리, 자세, 움직임을 통해 우리는 자동적으로 그 얼굴이 담는 정서를 유사하게 경험할 수 있고(Hartfield et al., 1994), 이러한 현상은 신생아에게서도 발견되어 생애 초기부터 발달하는 것으로 알려진다(Decety & Michalska, 2010). 이러한 정서적 공감은 감정 전염(emotional contagion), 대리 감정(vicarious emotion)의 상태로도 나타날 수 있다.

인지적 공감은 타인의 관점이 자신과 다를 수 있음을 인식하고 타인의 입장에서 이해하는 인지적 과정을 통해 이뤄진다. 타인이 느끼는 기분을 정확하게 인식해야 하므로 인지적 공감은 타인의 의도와 사고를 정확하게 추론하는 마음 이론(Theory of Mind)과 같은 능력과도 연관된다. 타인의 관점을 수용할 줄 아는 인지적 공감은 타인의 행위를 예측하고 적절한 반응을 이끌어내는 기능을 하여 원활한 대인관계를 형성하도록 돕는다(Izard et al., 2001).

공감은 어떻게 측정할까?

본 조사에서는 대인반응성지수(Interpersonal Reactivity Index: IRI, Davis, 1983)를 통해 공감을 측정했다. 이는 공감을 측정하는 데 가장 널리 사용되는 도구로, 인지적 공감을 측정하는 두 개의 하위 척도와 감정적 공감을 측정하는 두 개의 하위 척도로 구성된다. 본 조사에서는 인지적 공감을 측정하는 하위 척도 중에서 관점 수용(perspective taking)을, 정서적 공감을 측정하는 하위 척도 중에서 공감적 염려(empathic concern)를 측정했다. 관점 수용은 자발적으로 타인의 관점에서 생각하는 경향성, 타인의 생각이나 관점을 이해하고 수용하는 능력을 의미한다. 공감적 염려는 타인의 정서적 감정을 마치 자기 자신이 경험하는 것처럼 느끼는 능력으로 동정심, 연민을 포함한다. 측정 문항은 다음과 같았다.

정서적 공감
1 TV에서 안타까운 사연을 보면 마음이 아프다.
2 나는 억울한 사람을 보면 그들을 보호해주고 싶다.
3 타인의 불행은 나에게는 큰 영향을 미치지 않는다. (역문항)
4 부당한 대우를 받는 사람은 그럴 만한 이유가 있다. (역문항)
5 나는 스스로 마음이 약한 사람이라고 생각한다.

인지적 공감
1 내가 옳다고 확신이 들면 남의 조언은 필요 없다. (역문항)
2 화가 날 때 상대방 입장에서 생각하려고 노력한다.
3 남을 비난하기 전에 그 사람의 기분을 먼저 생각한다.

카카오같이가치 공감 조사에는 총 3만 1,534명이 참여했다. 응답자 중 여성이 75.4%, 남성이 24.6%를 차지했다. 10대 16.1%, 20대 19.4%, 30대 19.7%, 40대 21.1%, 50대 17.7%, 60대 이상은 6%로 10~50대에 걸쳐 고르게 참여했다. 2022년 한국인의 공감 수준은 5점 만점에 정서적 공감 3.56점(표준편차 0.74), 인지적 공감 3.01점(표준편차 0.85)이었다(그래프 47). 정서적 공감 점수가 인지적 공감보다 더 높았다. 대부분의 응답자가 자신의 정서적 공감 수준을 3~4점대(81.2%)에서, 인지적 공감 수준을 2~3점대(76%)에서 평가했다.

한국인의 공감 점수는 연령과 성별에 따라 다른가?

나이가 들수록 공감을 더 잘할까? 반은 맞고 반은 틀리다. 정서적 공감은 나이가 들수록 증가하지만 인지적 공감은 나이와 상관없이 비슷한 수준으로 나타났다(그래프 48). 특히 정서적 공감의 경우 10~20대에 비슷한 수준을 보이다가 30대부터 40대까지 큰 폭으로 증가하였고, 40대 이후로 크게 달라지지 않았다. 40~60대 이상의 중장년층은 보통(3점)보다 높은 수준의 정서적 공감을 나타냈다. 특이한 점은 이러한 공감 수준의 변화가 정서적 측면에서만 나타나고 인지적 측면에서는 거의 나타나지 않는다는 것이다. 나이가 들수록 성숙해진다는 말이 타인을 공감하고 배려할 줄 안다는 의미로 통한다면, 본 조사 결과는 나이에 따른 공감적 성숙은 정서 차원에서 발생하는 현상임을 가리킨다.

한국인의
공감 점수

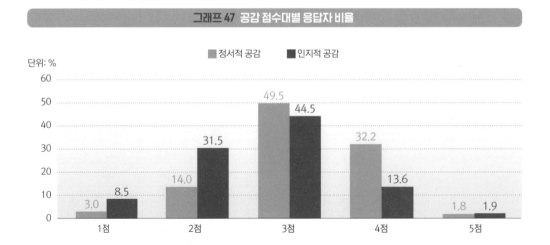

그래프 47 공감 점수대별 응답자 비율

단위: %

■ 정서적 공감 ■ 인지적 공감

	1점	2점	3점	4점	5점
정서적 공감	3.0	14.0	49.5	32.2	1.8
인지적 공감	8.5	31.5	44.5	13.6	1.9

정서적 공감이 나이에 따라 달라지는 양상은 남성들에게서 더 두드러지게 나타났다(그래프 49). 남성들의 정서적 공감은 10~20대에 가장 낮았다가 30~40대에 급격하게 증가하였고, 50~60대 이상에서 가장 높은 수준을 보였다. 성별 기준으로 비교하면 연령에 상관없이 남성보다 여성의 정서적 공감 점수가 높지만, 그 차이가 20~30대에서 가장 두드러지고, 50대 이상이 되면 이러한 성차가 희미해졌다. 단단한 사람인 줄로만 알았던 아버지가 머리카락이 희끗해져서 어느 날 드라마를 보다 눈이 젖는 모습을 본 적이 있다면 이해될 수 있는 대목이다. 남성들은 정서적 공감에 있어 일생 동안 큰 파도를 겪는 것이다.

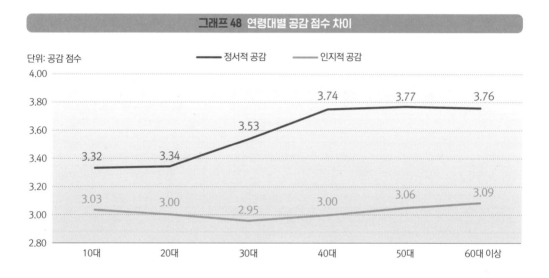

그래프 48 연령대별 공감 점수 차이

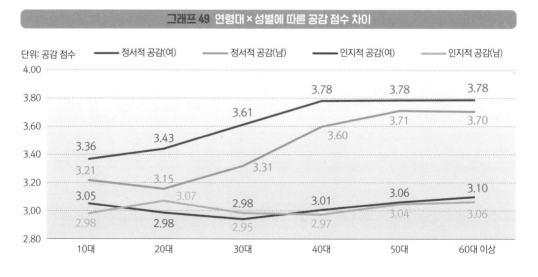

그래프 49 연령대 × 성별에 따른 공감 점수 차이

이에 반해 인지적 공감의 경우, 눈여겨볼 만한 차이가 나타나지 않았다. 공감에 대해서는 그것이 정서적인지, 인지적인지에 관계없이 거의 예외 없이 여성이 높았다. 단 하나 예외가 있다면, 20대 남성의 인지적 공감이 20대 여성보다 더 높게 나타났다는 것이다. 하지만 매우 근소한 차이였다.

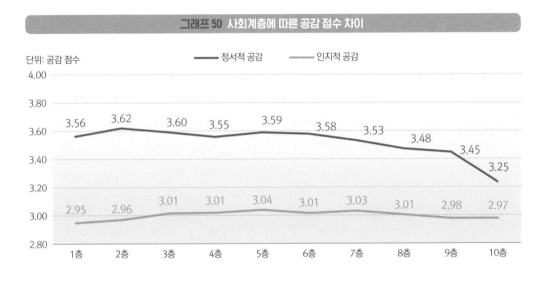

그래프 50 **사회계층에 따른 공감 점수 차이**

단위: 공감 점수

정서적 공감: 3.56, 3.62, 3.60, 3.55, 3.59, 3.58, 3.53, 3.48, 3.45, 3.25

인지적 공감: 2.95, 2.96, 3.01, 3.01, 3.04, 3.01, 3.03, 3.01, 2.98, 2.97

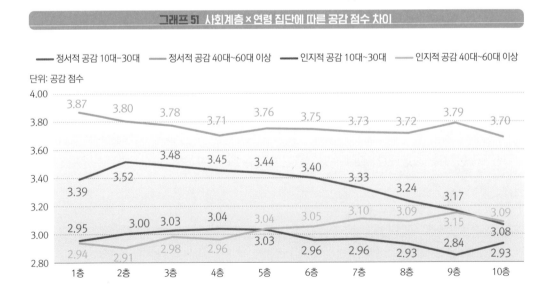

그래프 51 **사회계층 × 연령 집단에 따른 공감 점수 차이**

단위: 공감 점수

정서적 공감 40대~60대 이상: 3.87, 3.80, 3.78, 3.71, 3.76, 3.75, 3.73, 3.72, 3.79, 3.70

정서적 공감 10대~30대: 3.39, 3.52, 3.48, 3.45, 3.44, 3.40, 3.33, 3.24, 3.17, 3.08

인지적 공감 40대~60대 이상: 2.94, 2.91, 2.98, 2.96, 3.03, 3.05, 3.10, 3.09, 3.15, 3.09

인지적 공감 10대~30대: 2.95, 3.00, 3.03, 3.04, 3.03, 2.96, 2.96, 2.93, 2.84, 2.93

사회계층에 따라 공감 점수에 차이가 있을까?

사회계층에 따라 공감 점수에 차이가 있을까? 그래프 50 과 같이, 정서적 공감에서 근소한 차이가 있는 것으로 나타났다. 즉 사회계층이 낮을 수록 정서적 공감력을 더 발휘하고, 사회계층이 높을수록 정서적 공감력을 덜 갖는 것으로 나타났다. 반면 인지적 공감에 대해서는 계층에 따른 차이가 나타나지 않았다.

이러한 계층에 따른 공감 수준의 차이는 10~30대에서 더 두드러지게 나타났다(그래프 51). 즉 계층이 높아질수록 낮아지는 정서적 공감 정도는 10~30대에서 주로 나타나고, 40~60대 이상에서는 계층이 높아지더라도 정서적 공감 수준에 차이가 별로 나타나지 않았다. 오히려 40~60대에서는 계층이 높아질수록 인지적 공감 수준이 증가하는 양상도 관찰되었다. 이는 상위 계층에 올라서는 데 중장년층에게는 인지적 공감이 중요할 수 있음을 시사한다.

공감과 행복의 관계는 어떠할까?

그렇다면 공감과 행복의 관계는 어떠할까? 공감할수록 사회적 관계를 긴밀하게 하는 것이 행복으로도 이어질까? 공감은 타인의 고통까지도 같이 느끼는 것이기 때문에 오히려 행복을 떨어뜨릴까? 그래프 52 와 같이 정서적 공감은 안녕지수와 별 관계가 없는 것으로 나타났고(상관계수=.02), 인지적 공감은 더 높은 안녕지수와 관계있는 것으로 나타났다(상관계수=.12). 즉 정서적 공감은 기쁠 때 같이 웃는 것뿐만 아니라 슬플 때 같이 우는 것이기도 하므로 전체적인 행복에는 별 영향을 주지 않는 것처럼 나타났다. 반면 인지적 공감에 대해서는 공감을 많이 할수록 긍정정서를 더 느끼고 부정정서를 덜 느끼는 것과 관련이 되어 전체적인 행복을 높이는 것으로 나타났다.

공감과 안녕지수 관계에 성차가 존재하는가?

인지적 공감에서 성차가 약하게 존재했다(그래프 53). 인지적 공감과 안녕지수 상관은 여=.11, 남=.15로 남성에게서 약간 높게 관찰되었다. 인지적 공감을 잘하는 남성들은 긍정정서를 더 경험하고 부정정서를 덜 경험하였다. 인지적 공감을 잘할수록 행복의 혜택을 더 받는 것은 남성들이었다.

연령대별 공감과 안녕지수 관계

연령대에 따라 공감과 행복의 관계가 조금씩 달라졌다(그래프 54). 정서적 공감의 경우, 연령대가 낮을수록 정서적 공감을 통해 더 높은 행복을 경험할 수 있는 데 반해 연령대가 높아질수록 오히려 행복

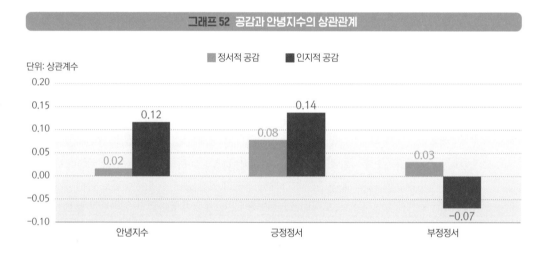

그래프 52 공감과 안녕지수의 상관관계

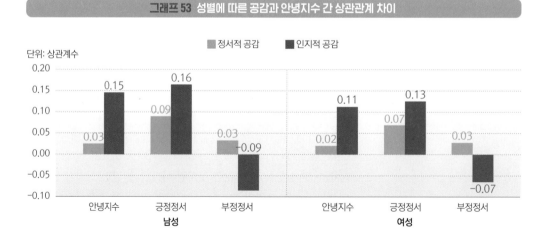

그래프 53 성별에 따른 공감과 안녕지수 간 상관관계 차이

감이 하락하는 경향이 나타났다. 특히 10대의 경우 정서적 공감과 인지적 공감을 통해 더 높은 행복을 누릴 수 있는 것으로 나타났다. 이러한 결과는 10대들에게 공감이 사회성 발달과 긴밀하게 연관된 것에서 비롯되는 현상으로 보인다. 자아관이 확립되지 않은 10대들에게는 공감이 사회 적응성을 높이는 역할을 할 수도 있다. 한편 연령대가 높아질수록 공감이 행복을 떨어뜨리는 것 또한 주목할 결과이다. 나이가 들수록 역경과 다양한 사건들을 더 많이 겪어서인 것일까? 만약 그렇다면 나이가 들수록 정서적으로 공감하는 마음을 갖는 것은 타인의 괴로움을 돌보느라 정작 자기 자신의 행복을 도외시하는 함정에 빠질 수 있어 보인다.

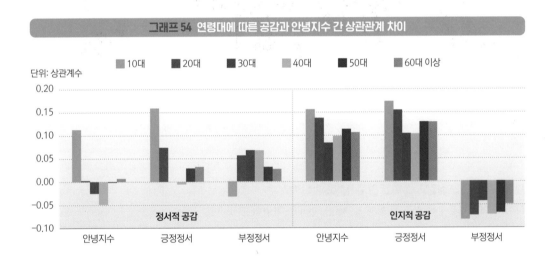

그래프 54 연령대에 따른 공감과 안녕지수 간 상관관계 차이

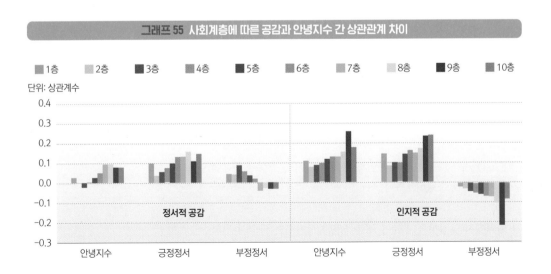

그래프 55 사회계층에 따른 공감과 안녕지수 간 상관관계 차이

반면 인지적 공감의 경우에는 연령대에 크게 구애받지 않고 꾸준히 행복에 좋은 기여를 하는 것으로 나타났다.

사회계층에 따라 공감과 행복의 관계가 달라지는가?

사회계층이 높을수록 공감을 통해 더 많은 행복을 경험하는 것으로 나타났다. 이러한 효과는 정서적 공감과 인지적 공감에 걸쳐 공통적으로 나타났다(그래프 55). 상위 계층에 속할수록 낮은 공감 점수를 보였지만, 역설적이게도 공감을 통해 더 큰 행복을 누릴 수 있는 것은 상위 계층이었다. 반대로 하위 계층에 속할수록 높은 공감 점수를 보였지만 정작 하위 계층이 공감을 많이 하는 것은 행복을 높이는 데 크게 도움이 되지 않았다.

그렇다면 정서적 공감은 행복에 안 좋은가?

지금까지 나타난 결과에 따르면 정서적 공감은 행복과 별로 관계가 없는 것처럼 보인다. 그렇다면 정서적 공감은 행복과 관계없는 것으로 결론 내릴 수 있을까? 이를 확인하기 위해 정서적 공감과 행복에 관한 추가 분석을 수행해보았다.

추가 분석에서는 정서적 공감이 행복을 증폭시켜주는 사회적 경험들을 통해 행복을 예측하는 간접 경로 모형을 만들어 검증하였다.

분석 결과(그래프 56), 정서적 공감이 사회적 경험들을 증가시키는 효과를 갖고, 이를 통해 더 높은 행복도를 예측하는 것으로 나타났다. 즉 정서적 공감이 직접적인 행복으로 이어지는 것은 아니지만, 행복 경험을 증폭시켜주는 촉매제가 될 수 있는 경험들을 자극하는 효과를 갖는 것이다.

행복을 경험하기에 유리한 여러 가지 사회적 활동과 경험들이 있는데 정서적 공감은 이러한 사회적 경험을 촉진하는 것으로 나타났다. 예를 들면 정서적 공감이 높을수록 타인을 도와주는 행동을 더 많이 하고(도움 행동), 누군가 웃으면 함께 즐거워하는 긍정적 기분에 잘 전염된다(웃음 전염). 정서적 공감이 높은 사람들은 가족, 친구, 연인으로부터 든든한 심리적 지지를 받으며(사회적 지지) 외로움을 덜 겪는다(낮은 외로움). 그리고 이들 모두 행복을 높이는 데 중요하게 기여하는 요인들이다.

종합적으로 정서적 공감을 높게 경험하는 것이 이러한 사회적 활동과 경험으로 이어지는 것을 통해 궁극적으로 더 풍족한 행복을 경험하게 하는 작용을 할 수 있는 것이다.

그래프 56 정서적 공감과 안녕지수 간 간접 경로 모형

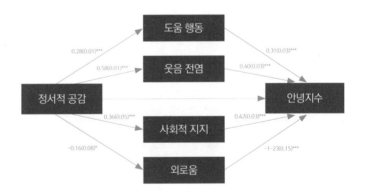

Happiness in 2022

8
가족
행복의 요새

인생의 고비마다 마주하는 힘겨운 일들, 내가 어쩔 수 없는 불확실한 상황들…. 그럴 때마다 '요새'가 되어주는 가족의 존재, 그 관계 속에서 맺어진 행복은 어떤 모습일까?

"한 가지는 확실해. 우리가 어디를 가든지, 가족이 우리의 요새야
(I know one thing. Wherever we go, this family is our fortress)."
– 영화 〈아바타: 물의 길〉 중에서

가족의 탄생:
상대방의
장점 찾기,
그리고
행복 찾기

2022년 말에 개봉하여 1,000만 관객을 돌파한 〈아바타: 물의 길〉은 주인공 제이크 설리와 네이티리 가족의 여정을 그린 영화이다. 생존을 위협하는 무자비한 위험에 직면하자, 제이크는 가족의 안전을 위해 새로운 곳으로 떠나기로 결정한다. 하지만 뿌리를 중시하는 가족들에게 정든 고향을 등지고 생면부지의 낯선 곳으로 떠난다는 것은 청천벽력 같은 일이었다. 주저하고 반발하는 가족들을 설득하기 위해 제이크가 말한다. 어느 곳에 있든지, 중요한 것은 가족이 함께 어려운 상황을 견뎌내고 해결해나가는 것이라고…. 가족이 우리의 '요새'라고 말이다.

남녀 간의 사랑은 여러 가지 모습을 하고 있다. 조건적인 사랑, 육체적인 사랑, 희생적인 사랑 등 우리 개개인이 생각하는 사랑의 모습과 정의는 천차만별일 것이다. 또한 사랑이라는 감정은 문학과 예술 작품 속에서도 역사적으로 뿌리가 깊은 주제이며 뇌과학, 심리학에서도 종족 번영의 맥락에서 다루어지고 있는 연구 주제이기도 하다. 이와 같이 사랑에 빠지는 순간, 또 사랑을 지속하는 이유는 다 다르겠으나 한 가지 보편적으로 여겨지는 것은 가족의 탄생, 즉 평생의 동반자를 만나기 위한 과정은 사랑을 바탕으로 시작된다는 것이다. 부부란 '사랑'을 전제로 맺어지는, 로맨스로 시작되는 인연이라고 할 수 있다.

결혼한 커플 혹은 결혼을 앞둔 커플들이 가장 많이 듣는 질문 중의 하나는 바로 "결혼을 결심한 계기가 되는 순간이 언제인가요?", "아! 바로 이 사람이라는 확신이 들었던 순간은 언제인가요?"라는 일생일대의 배우자를 어떻게 알아봤냐는 질문일 것이다. 수만 가지의 대답이 있겠지만 최근 온라인으로 조사된 "결혼을 결심한 순간" 1위는 바로 "자기 자신보다 나를 더 사랑해줄 때"(20.2%, PanelNow, 2022)였다. 나보다 상대방이 더 중요해지는 마법 같은 순간은 그 사람과 함께하는 미래를 설계해나가는 용기의 원천으로 작용하는 듯하다.

이처럼 상대방의 여러 가지 면모가 장점으로 받아들여지고, 그 장점에 감사하며 상대방을 '나보다 더' 사랑하는 순간을 경험하는 일은

연인관계를 발전시키는 데 중요한 요소일 수 있다. 그렇다면 상대방의 장점을 지지해주고, 그 장점을 독려하는 것이 '나 자신'의 행복에는 어떤 작용을 불러일으킬까.

이에 대한 해답을 찾기 위해 우리는 2022년 카카오같이가치 마음날씨의 "우리는 천생연분일까?" 행복 성향 테스트에 대답한 3만 7,593명(남성: 1만 557명, 여성: 2만 7,036명)의 응답을 살펴보았다. 이 테스트에서는 '연인 장점 설문(Partner Strength Questionnaire: PSQ)'을 이용하여 연인, 사랑하는 사람의 장점에 가치를 두는 정도를 다음 5가지의 문항을 통해 1점(전혀 그렇지 않다)에서 7점(매우 그렇다) 척도로 측정해보았다(출처: 연인 장점 설문(Partner Strength Questionnaire: PSQ), Kashdan et al., 2018).

'연인 장점 설문' 평가 문항
1 사랑하는 사람이 장점을 발휘하는 것이 중요하다.
2 그 사람이 장점을 살릴 때 감정적으로 더 끌린다.
3 그 사람의 장점이 관계에 갈등을 가져올 때가 있다. (역문항)
4 그 사람의 장점을 볼 때 관계에 더 충실해진다.
5 그 사람의 장점을 볼 때 관계에 더 만족하게 된다.

본 설문의 점수가 높을수록 상대방이 장점을 발휘하는 것을 중요하게 생각하고 그 가치를 인정하는 정도를 나타낸다. 또한 점수가 높을수록 상대방이 장점을 잘 살리고 발휘하는 것이 나와 상대방의

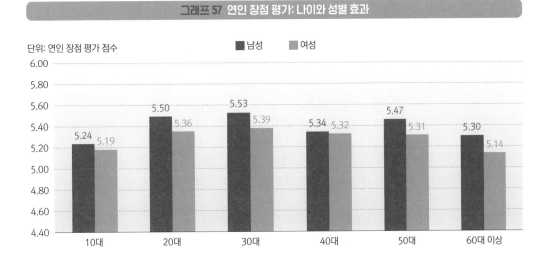

그래프 57 연인 장점 평가: 나이와 성별 효과

관계 발전에 긍정적인 역할을 한다고 볼 수 있다. 즉 사랑하는 상대방의 진가를 알아보는 노력을 기울이며, 연인의 성장에 만족하고 그 성장을 독려하는 마음이 얼마나 큰지를 나타내는 것이다. 사랑하는 사람의 장점은 외모나 재력 등의 외부적인 요소일 수 있고, 성실함이나 끈기 등의 성격적인 요소일 수 있고, 신뢰나 헌신 등 둘의 관계 속에서 발견되는 특성일 수 있다. 그 종류가 무엇이든 남성의 경우 상대방의 장점을 높이 평가하고 상대방이 장점을 발휘하는 것을 중요하게 생각하는 경향이 여성의 경우보다 높게 나타났다. 이 현상은 20대, 30대 그리고 50대, 60대 남성에게서 일관적으로 발견되었으며, 특히 30대 남성은 전 연령, 성별대를 통틀어 가장 높은 점수인 평균 5.53점을 기록하였다. 흥미롭게도 여성 또한 결혼 적령기인 30대에서 상대방 장점을 평가하는 정도가 전 연령을 통틀어 가장 높은 점수(평균 5.39점)를 나타내었다. 즉 결혼 적령기의 남성, 여성의 경우 모두 상대방이 "빛날 때" 이성적인 매력을 느끼며, 어쩌면 이것이 평생의 동반자를 결정하는 일에 있어서 배우자에 대한 확신을 하나의 중요한 요소로 작용할 수 있다는 점을 시사한다.

그렇다면 상대방의 장점을 바라볼 때 나의 행복은 어떻게 변할까. 상대방이 성장하는 것을 바라볼 때 나의 행복은 증가할 수 있을까.

앞서 살펴본 바와 같이 상대방의 장점을 추구하는 정도는 남성이 높았지만, 그 장점을 인식하는 것이 행복에 미치는 영향은 오히려 여성에게서 뚜렷하게 높게 나타났다(그래프 58). 20대에서 60대에 이르기까지 여성의 경우, 상대방의 장점을 높이 평가하고 추구하는 것이 나의 안녕지수, 즉 행복감을 높여주었다. 특히 이러한 상대방 장점 추구와 안녕지수의 관련성은 여성의 경우 연령이 증가할수록 그 관계가 더욱 밀접해져서 60대 이상 여성은 연인 장점 추구 정도가 행복에 영향을 주는 정도가 동 연령대 남성에 비해 두 배 정도 강하게 나타났다. 반면 남성의 경우 전 연령대에 아울러 크게 증가, 감소함 없이 상대방의 장점을 추구하는 경향과 안녕지수의 관련성은 안정적으로 나타났다.

그렇다면 긍정적 정서와 부정적 정서 가운데 상대방의 장점 추구와 더 강한 관련성을 보이는 정서는 무엇일까? 여성의 경우 안녕지수의 전반적인 추세와 비슷하게 연령이 증가할수록 연인 장점 추구와 긍정 점수의 관계는 높아졌다(그래프 59). 남성의 경우 또한 상대방의 장점을 인식하고 감사할수록 긍정정서를 경험하는 정도가 꾸준

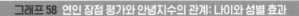

그래프 58 연인 장점 평가와 안녕지수의 관계: 나이와 성별 효과

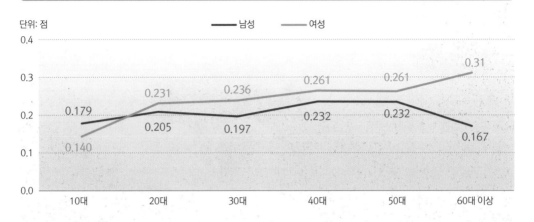

단위: 점 　　　　　　 ━━ 남성 　　 ━━ 여성

남성: 0.179, 0.205, 0.197, 0.232, 0.232, 0.167
여성: 0.140, 0.231, 0.236, 0.261, 0.261, 0.31

10대　20대　30대　40대　50대　60대 이상

그래프 59 연인의 장점 평가와 긍정정서의 관계: 나이와 성별 효과

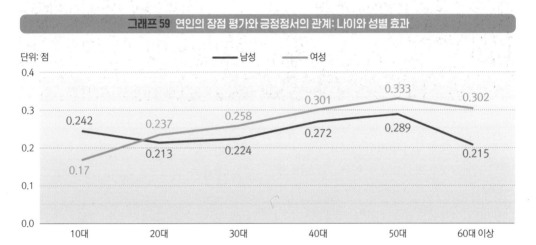

단위: 점 　　　　　　 ━━ 남성 　　 ━━ 여성

남성: 0.242, 0.213, 0.224, 0.272, 0.289, 0.215
여성: 0.17, 0.237, 0.258, 0.301, 0.333, 0.302

10대　20대　30대　40대　50대　60대 이상

그래프 60 연인 장점 평가와 부정정서의 관계: 나이와 성별 효과

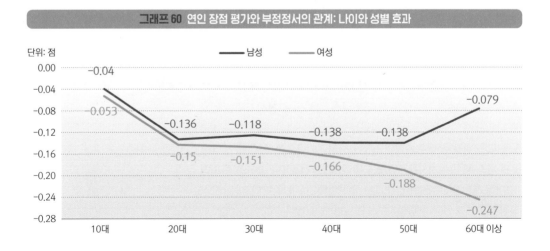

단위: 점 　　　　　　 ━━ 남성 　　 ━━ 여성

남성: -0.04, -0.136, -0.118, -0.138, -0.138, -0.079
여성: -0.053, -0.15, -0.151, -0.166, -0.188, -0.247

10대　20대　30대　40대　50대　60대 이상

히 증가하여 50대 남성의 경우 여성보다 긍정 점수가 상대방의 강점 평가와 더 높은 관련성(행복, 즐거움, 평안함)을 많이 느끼는 것으로 나타났다.

30대에서 60대 이상에 이르기까지 남성의 경우보다 여성의 경우가 상대방의 장점을 높이 평가하지 않을수록 부정정서(지루함, 우울, 짜증, 불안을 모두 합친 평균값)가 늘어났다(그래프 60). 60대 이상의 여성의 경우 상대방의 장점을 바라보지 않는 경우 부정정서를 확연히 더 많이 느끼게 된다.

이처럼 상대방에게서 끊임없이 장점을 찾아내고 감사하고 그 장점을 칭찬하는 것은 상대뿐 아니라 나의 행복도 증진시켜주는 것으로 나타났다. "사랑은 서로를 바라보는 것이 아니라 같은 곳을 바라보는 것", 바로 생텍쥐페리의 『어린 왕자』에 나오는 사랑의 정의다. 운명 공동체 속에서 같은 목표를 바라보고 상대방의 장점을 독려하며 나아가는 일은 돈독한 관계를 유지하며, 나아가 나의 행복 또한 직접적으로 높이는 사랑의 열쇠라고 할 수 있겠다.

가족의 성장: 부모-자녀 애착과 행복

인간은 다른 포유류 동물에 비해 신체적으로 미성숙한 상태로 태어난다. 다른 동물에 비해 두뇌가 복잡하기 때문에 태어난 후로도 스스로 서고, 밥을 먹고, 의사소통도 가능해질 때까지 부모나 양육자로부터 오랜 시간 돌봄이 필요하다고 한다. 세상에 태어나서 자신의 생존에 필요한 것들을 주는 부모 혹은 양육자에게 느끼는 정서적인 끈끈함을 심리학에서 '애착(attachment)'이라는 단어로 표현한다. 아이가 태어나서 부모나 자신을 키워주는 양육자를 신뢰하게 되고 애착 관계를 형성하며, 호기심 가득한 아이들이 새로운 세상을 배워나가는 것이다.

안정된 애착 관계는 아이들이 커서 양육자뿐 아니라 다른 사회적 관계를 맺을 때 거부감이 적고, 신뢰적인 관계를 잘 맺을 수 있는 기반이 된다. 하지만 모든 애착 관계가 안정적이지만은 않다. 영유아-양육자와의 관계가 원만하지 않고 불안정적이었을 경우, 다른 타인과의 관계도 수월하게 형성되지 않는다. 이러한 부모에게 느끼는 애착 정도는 '부모 및 또래 애착 척도(The Inventory of Parent and Peer Attachment: IPPA, Armsden & Greenberg, 1987)'를 통해 측정될 수 있다. 마음날씨에서는 이 설문 중 10문항을 선별하여 사용하여 부모와의 애착 정도와 행복 간의 관련성을 살펴보았다.

부모 애착 척도(IPPA 중 일부)
1 부모님은 나의 판단을 신뢰하신다.
2 나는 부모님과 함께 있을 때 쉽게 기분이 나빠진다. (역문항)
3 부모님은 나의 감정을 존중해주신다.
4 나는 부모님에게 분노를 느낀다. (역문항)
5 그 사람의 장점을 볼 때 관계에 더 만족하게 된다.
6 부모님은 나를 이해해주신다.
7 나는 부모님으로부터 별로 관심을 받지 못한다. (역문항)
8 나는 부모님께 나의 고민을 이야기한다.
9 부모님은 내가 내 어려움을 이야기하도록 격려해주신다.
10 부모님은 내가 요즘 어떤 일을 겪는지 이해하지 못하신다. (역문항)

'부모님과 애착 관계'는 10문항(1점(전혀 그렇지 않다)에서 5점(매우 그렇다) 척도)으로 측정되었고, 2022년 총 1,620명(남성: 349명, 여성: 1,271명)이 응답을 하였는데, 30대 이상의 응답률이 저조하여 10대, 20대, 그리고 30대 이상으로 나누어 살펴보았다.

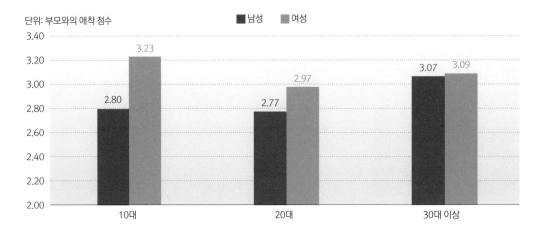

단위: 부모와의 애착 점수   ■ 남성 ■ 여성

부모님에게 느끼는 애착 정도는 10대 여성이 가장 높았다(평균 3.23 점(그래프 61)). 여성의 경우 10대 때 높았던 부모님과의 애착 정도가 20대에서 낮아지고 30대 이상에서는 다시 반등하여 올라가는 경향성을 보였다. 반면 남성의 경우 10대에 부모님에 대한 애착 정도가 가장 낮았고 20대, 30대 이상이 되면서 꾸준히 증가하는 양상을 보였다.

부모와의 애착에 따라 행복에 제일 영향을 받는 연령, 성별 집단을 살펴보았다. 놀랍게도 부모님과의 애착 점수는 10대 남녀에게서 차

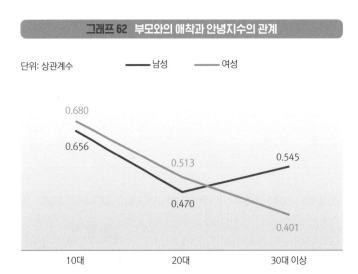

단위: 상관계수   —— 남성 —— 여성

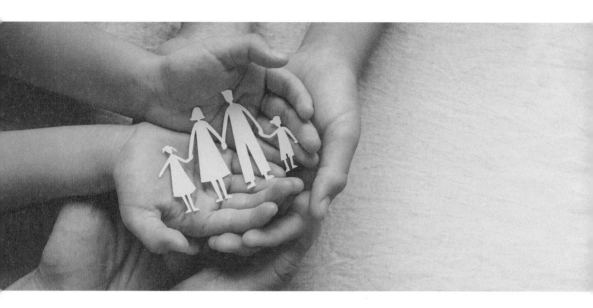

이가 확연했지만(10대 남성 평균 2.80점, 여성 평균 3.23점) 부모님과의 애착과 안녕지수의 관련성은 두 집단 모두 다른 연령, 성별 집단에 비해 높았다(그래프 62). 10대 미성년자의 경우 부모의 영향력이 다른 연령대보다 높은 시기임을 고려하면 부모와의 애착이 행복에 중요한 요소로 작용한다는 것을 알 수 있다. 또한 여성과 남성 모두 20대에서는 10대 때보다 부모와의 애착이 안녕지수에 주는 정도가 줄어드는 현상을 발견할 수 있었다. 그리고 30대 이상이 되면 여성보다 오히려 남성이 부모와의 밀접한 관련이 안녕지수에 영향을 주는 것으로 나타났다.

가족이란 오묘한 존재이다. 불꽃 같은 사랑으로 시작되었지만 가족의 모습이 달라지며 사랑은 정서적 결속을 바탕으로 하는 끈끈한 애착의 모습으로 변모한다. 또한 고비고비마다 그 사랑은 느슨해지기도, 단단해지기도 하며 가족들 사이를 붙잡아준다. 가족들은 가까운 존재이기에 최근접 거리에서 상처를 주기도 하지만 다른 사람은 할 수 없는 방식으로 상처를 어루만져 주기도 한다. 가족이 탄생하고 성장하면서 그들만의 스토리를 써가지만, 그 속에서 서로의 성장을 독려하는 사랑으로, 그리고 부모님으로부터 오는 애정과 신뢰를 바탕으로 개개인의 행복도 커나가고 있다. 가족이라는 '요새' 안에서 말이다.

2022년 안녕지수
상세 정보

안녕지수 분포

단위: %

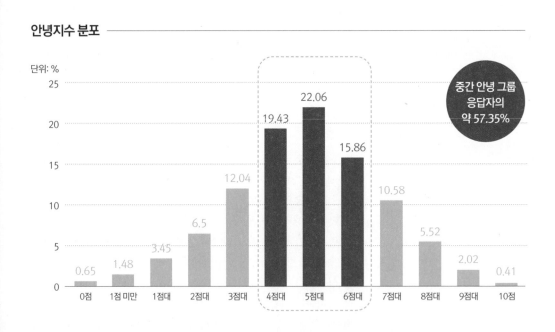

중간 안녕 그룹
응답자의
약 57.35%

0점	1점 미만	1점대	2점대	3점대	4점대	5점대	6점대	7점대	8점대	9점대	10점
0.65	1.48	3.45	6.5	12.04	19.43	22.06	15.86	10.58	5.52	2.02	0.41

삶의 만족 분포

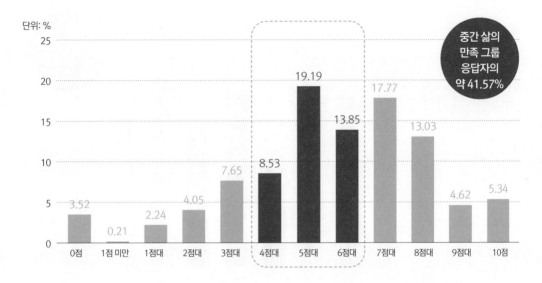

단위: %

0점: 3.52
1점 미만: 0.21
1점대: 2.24
2점대: 4.05
3점대: 7.65
4점대: 8.53
5점대: 19.19
6점대: 13.85
7점대: 17.77
8점대: 13.03
9점대: 4.62
10점: 5.34

중간 삶의 만족 그룹 응답자의 약 41.57%

삶의 의미 분포

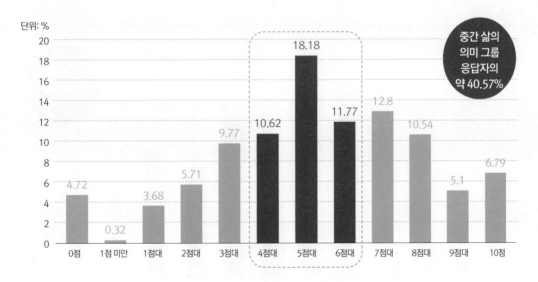

단위: %

0점: 4.72
1점 미만: 0.32
1점대: 3.68
2점대: 5.71
3점대: 9.77
4점대: 10.62
5점대: 18.18
6점대: 11.77
7점대: 12.8
8점대: 10.54
9점대: 5.1
10점: 6.79

중간 삶의 의미 그룹 응답자의 약 40.57%

스트레스 분포

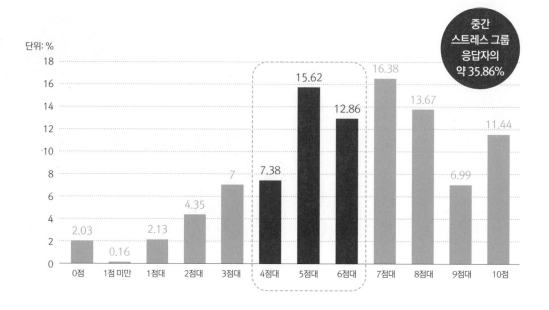

단위: %

중간
스트레스 그룹
응답자의
약 35.86%

0점	1점 미만	1점대	2점대	3점대	4점대	5점대	6점대	7점대	8점대	9점대	10점
2.03	0.16	2.13	4.35	7	7.38	15.62	12.86	16.38	13.67	6.99	11.44

행복 분포

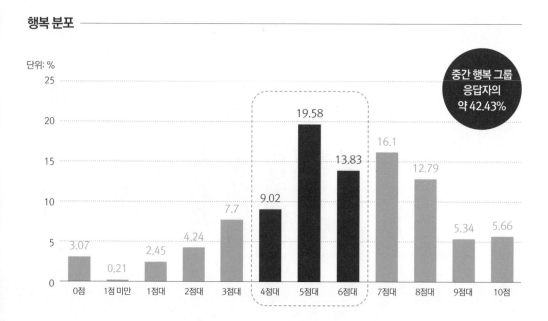

단위: %

중간 행복 그룹
응답자의
약 42.43%

0점	1점 미만	1점대	2점대	3점대	4점대	5점대	6점대	7점대	8점대	9점대	10점
3.07	0.21	2.45	4.24	7.7	9.02	19.58	13.83	16.1	12.79	5.34	5.66

즐거움 분포

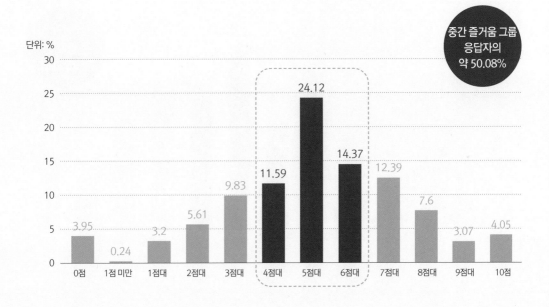

단위: %

중간 즐거움 그룹 응답자의 약 50.08%

0점	1점 미만	1점대	2점대	3점대	4점대	5점대	6점대	7점대	8점대	9점대	10점
3.95	0.24	3.2	5.61	9.83	11.59	24.12	14.37	12.39	7.6	3.07	4.05

평안함 분포

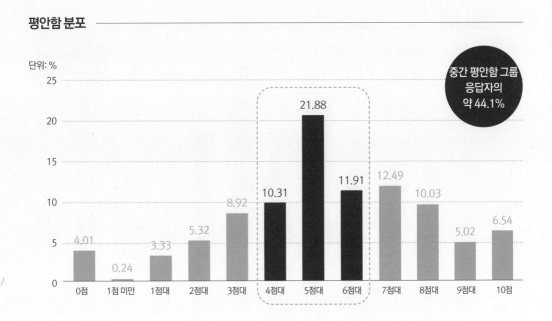

단위: %

중간 평안함 그룹 응답자의 약 44.1%

0점	1점 미만	1점대	2점대	3점대	4점대	5점대	6점대	7점대	8점대	9점대	10점
4.01	0.24	3.33	5.32	8.92	10.31	21.88	11.91	12.49	10.03	5.02	6.54

지루함 분포

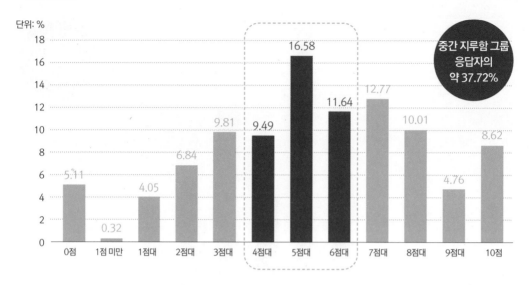

단위: %

중간 지루함 그룹 응답자의 약 37.72%

짜증 분포

단위: %

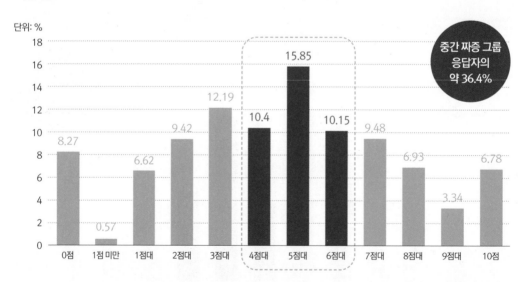

중간 짜증 그룹 응답자의 약 36.4%

우울 분포

단위: %

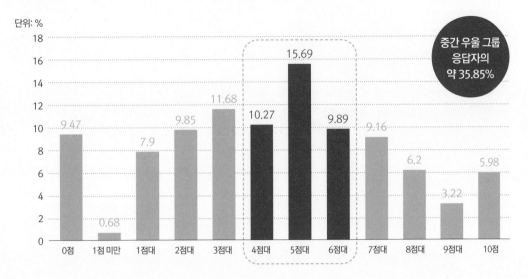

중간 우울 그룹 응답자의 약 35.85%

0점	1점 미만	1점대	2점대	3점대	4점대	5점대	6점대	7점대	8점대	9점대	10점
9.47	0.68	7.9	9.85	11.68	10.27	15.69	9.89	9.16	6.2	3.22	5.98

불안 분포

단위: %

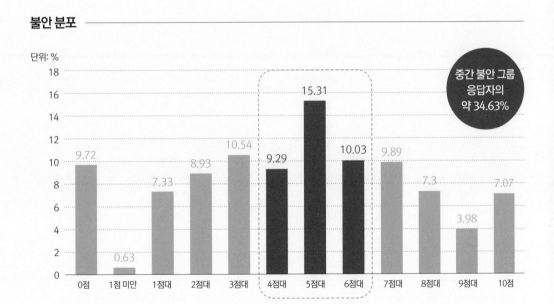

중간 불안 그룹 응답자의 약 34.63%

0점	1점 미만	1점대	2점대	3점대	4점대	5점대	6점대	7점대	8점대	9점대	10점
9.72	0.63	7.33	8.93	10.54	9.29	15.31	10.03	9.89	7.3	3.98	7.07

참고문헌

손가영. (2022). 오마이뉴스. [이태원 참사] 희생자 중 20대가 66.7%… 평균연령은 27.1세. https://m.ohmynews.com/NWS_Web/Mobile/at_pg.aspx?CNTN_CD=A0002881209#cb에서 인출.

연합뉴스. (2022). [그래픽] 2022대선 성별, 연령별 출구조사 결과.

질병관리청 보도자료. (2022.4.18.). 코로나19 국내 발생 및 예방접종 현황. https://www.kdca.go.kr/filepath/boardSyview.es?bid=0015&list_no=719321&seq=2 (2023년 1월 10일 검색).

최인철, 최종안, 이성하, 이서진, 김남희, 김영주, 구자일, 정지정, 차승은. (2022). 『대한민국 행복지도 2022(코로나19 특집호2): 서울대 행복연구센터의 행복 리포트』. 21세기북스.

통계청. (2022). 2022년 2/4분기 지역경제동향.

통계청 보도자료. (2022.12.13). 2022년 12월 및 연간 소비자물가동향. https://kostat.go.kr/synap/skin/doc.html?fn=ea839aff1809d664496f332e9675891b70eeabf5ed11cb99d9af484f7f344990&rs=/synap/preview/board/213/에서 인출.

한국갤럽. (2022a). 한국갤럽 데일리 오피니언 제492호(2022년 4월 3주). https://www.gallup.co.kr/gallupdb/reportContent.asp?seqNo=1292

한국갤럽. (2022b). 한국갤럽 데일리 오피니언 제499호(2022년 6월 3주). https://www.gallup.co.kr/gallupdb/reportContent.asp?seqNo=1305

한국갤럽. (2022c). 한국갤럽 데일리 오피니언 제481호(2022년 1월 4주). https://www.gallup.co.kr/gallupdb/reportContent.asp?seqNo=1269

한국갤럽. (2022d). 한국갤럽 데일리 오피니언 제517호(2022년 10월 4주). https://www.gallup.co.kr/gallupdb/reportContent.asp?seqNo=1336

한국갤럽. (2022e). 한국갤럽 데일리 오피니언 제524호(2022년 12월 3주). https://www.gallup.co.kr/gallupdb/reportContent.asp?seqNo=1348

한국리서치 (2022). 『한국리서치 주간리포트(제199-2호) 여론 속의 여론 기획: '부양 부담'과 '불안한 노후', 진퇴양난에 빠진 한국의 중장년층』. 서울: 한국리서치.

한국은행. (2022). 충북지역 경제동향 책자.

KOSIS 국가통계포털. 통계목록-주제별통계-코스피지수. https://kosis.kr/statHtml/statHtml.do?orgId=343&tblId=DT_343_2010_S0027&conn_path=I3 (2023년 2월 6일 검색).

KOSIS 국가통계포털. 통계목록-주제별통계-소비자물가조사. https://kosis.kr/statHtml/statHtml.do?orgId=101&tblId=DT_1J20041&conn_path=I3 (2023년 2월 15일 검색).

KOSIS 국가통계포털. 통계목록-주제별통계-월 소비자물가상승률. https://kosis.kr/statHtml/statHtml.do?orgId=101&tblId=DT_1J20042&conn_path=I3 (2023년 2월 15일 검색).

Fields, E. C., Kensinger, E. A., Garcia, S. M., Ford, J. H., & Cunningham, T. J. (2022). With age comes well-being: older age associated with lower stress, negative affect, and depression throughout the COVID-19 pandemic. *Aging & Mental Health, 26*(10), 2071-2079.

Fredrickson, B. L., Grewen, K. M., Coffey, K. A., Algoe, S. B., Firestine, A. M., Arevalo, J. M., ... & Cole, S. W. (2013). A functional genomic perspective on human well-being. *Proceedings of the National Academy of Sciences, 110*(33), 13684-13689.

Hall, J. A., Holmstrom, A. J., Pennington, N., Perrault, E. K., & Totzkay, D. (2023). Quality Conversation Can Increase Daily Well-Being. *Communication Research*. OnlineFirst

Helliwell, J. F., Wang, S., Huang, H., & Norton, M. (2022). Happiness, benevolence, and trust during COVID-19 and beyond. *World Happiness Report*, 15-52. https://happiness-report.s3.amazonaws.com/2022/WHR+22.pdf에서 인출.

KDI (2022, 11, 10). KDI 경제전망, 2022년 하반기. https://www.kdi.re.kr/research/economy?pub_no=17700에서 인출.

Studak, C. M., & Workman, J. E. (2004). Fashion groups, gender, and boredom proneness. *International Journal of Consumer Studies, 28*(1), 66-74.

Vodanovich, S. J., & Kass, S. J. (1990). A factor analytic study of the boredom proneness scale. *Journal of Personality Assessment, 55*(1-2), 115-123.

Part 02   서울대학교 행복연구센터 × 카카오같이가치 × 유캔두

100일간 행복을 기록하는 두 번째 시간

Roessler, J., & Gloor, P. A. (2021). Measuring happiness increases happiness. *Journal of Computational Social Science*, 4(1), 123-146.

Part 03   2022년 한국인의 속마음

1 그릿(Grit)과 행복 중요한 것은 꺾이지 않는 마음

앤젤라 더크워스. (2019). 『Grit: IQ, 재능, 환경을 뛰어넘는 열정적 끈기의 힘』(김미정, 역). 비즈니스북스(원본 출판 2016년).

임효진. (2017). 그릿(Grit)의 요인구조와 타당도에 관한 탐색적 연구. *아시아교육연구, 18*(2), 169-192.

Bowman, N. A., Hill, P. L., Denson, N., & Bronkema, R. (2015). Keep on truckin' or stay the course? Exploring grit dimensions as differential predictors of educational achievement, satisfaction, and intentions. *Social Psychological and Personality Science, 6*(6), 639-645.

Credé, M., Tynan, M. C., & Harms, P. D. (2017). Much ado about grit: A meta-analytic synthesis of the grit literature. *Journal of Personality and Social Psychology, 113*(3), 492-511.

Datu, J. A. D., Valdez, J. P. M., & King, R. B. (2016). Perseverance counts but consistency does not! Validating the Short Grit Scale in a collectivist setting. *Current Psychology: A Journal for Diverse Perspectives on Diverse Psychological Issues, 35*(1), 121-130.

Duckworth, A. L. (2016). *Grit: The power of passion and perseverance*. New York, NY: Scribner.

Duckworth, A. L., Peterson, C., Matthews, M. D., & Kelly, D. R. (2007). Grit: Perseverance and passion for long-term goals. *Journal of Personality and Social Psychology, 92*(6), 1087-1101.

Eskreis-Winkler, L., Shulman, E. P., Beal, S. A., & Duckworth, A. L. (2014). The grit effect: Predicting retention in the military, the workplace, school and marriage. *Frontiers in Psychology, 5*, Article 36.

Ivcevic, Z., & Brackett, M. (2014). Predicting school success: Comparing Conscientiousness, Grit, and Emotion Regulation Ability. *Journal of Research in Personality, 52*, 29-36.

Kleiman, E. M., Adams, L. M., Kashdan, T. B., & Riskind, J. H. (2013). Gratitude and grit indirectly reduce risk of suicidal ideations by enhancing meaning in life: Evidence for a mediated moderation model. *Journal of Research in Personality, 47*(5), 539-546.

Lim, H. J., Ha, H., & Hwang, M. H. (2016, April). *The effects of grit on academic success among adult college students*. Paper presented at the Annual Meeting of Korean-American Educational Researchers Association. Washington, DC.

Martin, J., Estep, A., Tozcko, M., Hartzel, B., & Boolani, A. (2022). Relationships between grit and lifestyle factors in undergraduate college students during the COVID-19 pandemic. *Journal of American College Health*, 1-9.

Martin, J., Toczko, M., Locke, E., McCarthy, R., Milani, I., Barrios, N., ... & Boolani, A. (2023). Influence of Grit on Physical Activity, Sitting Time and Dietary Behaviors: A Multi-Study Analysis. *Sustainability, 15*(1), 211.

Salles, A., Cohen, G. L., & Mueller, C. M. (2014). The relationship between grit and resident well-being. *The American Journal of Surgery, 207*(2), 251-254.

Totosy de Zepetnek, J. O., Martin, J., Cortes, N., Caswell, S., & Boolani, A. (2021). Influence of grit on lifestyle factors during the COVID-19 pandemic in a sample of adults in the United States. *Personality and Individual Differences, 175*, 110705.

Von Culin, K. R., Tsukayama, E., & Duckworth, A. L. (2014). Unpacking grit: Motivational correlates of perseverance and passion for long-term goals. *The Journal of Positive Psychology, 9*(4), 306-312.

Wolters, C. A., & Hussain, M. (2015). Investigating grit and its relations with college students' self-regulated learning and academic achievement. *Metacognition and Learning, 10*(3), 293-311.

2 소비 돈으로 행복을 살 수 있을까?

Clark, A. E., Frijters, P., & Shields, M. A. (2008). Relative income, happiness, and utility: An explanation for the Easterlin paradox and other puzzles. *Journal of Economic Literature, 46*(1), 95-144.

Dunn, E. (2014). *Happy money: The science of happier spending*. Simon and Schuster.

Easterlin, Richard A. (1974). *Does economic growth improve the human lot? Some empirical evidence*. In Nations and Households in Economic Growth: Essays in Honor of Moses Abramovitz, ed. R. David and M. Reder. New York: Acadmic Press, 89-125.

Kahneman, D., & Deaton, A. (2010). High income improves evaluation of life but not emotional well-being. *Proceedings of the National Academy of Sciences, 107*(38), 16489-16493.

Killingsworth, M. A. (2021). Experienced well-being rises with income, even above $75,000 per year. *Proceedings of the National Academy of Sciences, 118*(4), e2016976118.

Killingsworth, M. A., Kahneman, D., & Mellers, B. (2023). Income and emotional well-being: A conflict resolved. *Proceedings of the National Academy of Sciences, 120*(10), e2208661120.

McMahon, D. M. (2006). *Happiness: A history*. Grove Press

3 세렌디피티 "오히려 좋아" 변화와 불확실성을 포용하는 삶의 태도

Brown, S. (2005). Science, serendipity and the contemporary marketing condition. *European Journal of Marketing, 39(11)*, 1229-1234.

Dew, N. (2009). Serendipity in entrepreneurship. *Organization Studies, 30(7), 735-753.*

Kwon, J., & Lee, H. (2020). Why travel prolongs happiness: Longitudinal analysis using a latent growth model. *Tourism Management, 76, 103944.*

Mendonça, S., Cunha, M., & Clegg, S. R. (2008, June). Unsought innovation: serendipity in organizations. In *Entrepreneurship and Innovation—Organizations, Institutions, Systems and Regions Conference, Copenhagen.*

Mirvahedi, S., & Morrish, S. (2017). The role of serendipity in opportunity exploration. *Journal of Research in Marketing and Entrepreneurship.* 19(2), 182-200.

Olshannikova, E., Olsson, T., Huhtamäki, J., Paasovaara, S., & Kärkkäinen, H. (2020). From chance to serendipity: Knowledge workers' experiences of serendipitous social encounters. *Advances in Human-Computer Interaction, 2020,* 1-18.

Weick, K. E., & Sutcliffe, K. M. (2006). Mindfulness and the quality of organizational attention. *Organization Science, 17(4), 514-524.*

4 행복 활동 행복한 사람들은 무엇을 할 때 행복하다고 느낄까?

Henderson, L. W., Knight, T., & Richardson, B. (2014). The hedonic and eudaimonic validity of the orientations to happiness scale. *Social Indicators Research, 115*, 1087-1099.

Huta, V., & Ryan, R. M. (2010). Pursuing pleasure or virtue: The differential and overlapping well-being benefits of hedonic and eudaimonic motives. *Journal of Happiness Studies, 11*, 735-762.

Seligman, M. E. (2002). *Authentic happiness: Using the new positive psychology to realize your potential for lasting fulfillment*. Simon and Schuster.

5 경쟁심과 행복 비교해야 할 사람은 남이 아닌 나

Bond, C. F., Jr., & Titus, L. J. (1983). Social facilitation: A meta-analysis of 241 studies. *Psychological Bulletin, 94*, 265–292.

Markus, H. (1978). The effect of mere presence on social facilitation: An unobtrusive test. *Journal of Experimental Social Psychology, 14*, 389–397.

Schmitt, B. H., Gilovich, T., Goore N., & Joseph, L. (1986). Mere presence and social facilitation: One more time. *Journal of Experimental Social Psychology, 22*, 242–248.

Spence, J. T., & Helmreich, R. L. (1983). Achievement-related motives and behavior. In J. T. Spence (Ed.), Achievement and achievement motives: Psychological and sociological approaches (pp. 10–74). San Francisco, CA: Freeman.

Triplett, N. (1898). The dynamogenic factors in pacemaking and competition. *American Journal of Psychology, 9*, 507–533.

6 나르시시즘과 행복 나를 사랑할수록 더 행복할까?

Ackerman, R. A., Donnellan, M. B., Roberts, B. W., & Fraley, R. C. (2016). The effect of response format on the psychometric properties of the Narcissistic Personality Inventory: Consequences for item meaning and factor structure. *Assessment, 23*(2), 203–220.

Brummelman, E., Gürel, C., Thomaes, S., & Sedikides, C. (2018). What separates narcissism from self-esteem? A social-cognitive analysis. In A. D. Herman, A. B. Brunell, & J. D. Foster (Eds.), Handbook of trait narcissism: Key advances, research methods, and controversies (pp. 47–56). Springer.

Burnell, K., Ackerman, R. A., Meter, D. J., Ehrenreich, S. E., & Underwood, M. K. (2020). Self-absorbed and socially (network) engaged: Narcissistic traits and social networking site use. *Journal of Research in Personality, 84*, 103898.

Hyatt, C. S., Sleep, C. E., Lamkin, J., Maples-Keller, J. L., Sedikides, C., Campbell, W. K., & Miller, J. D. (2018). Narcissism and self-esteem: A nomological network analysis. *PloS one, 13*(8), e0201088.

Orth, U., & Robins, R. W. (2022). Is high self-esteem beneficial? Revisiting a classic question. *American Psychologist, 77*(1), 5–17.

Sedikides, C. (2021). In search of narcissus. *Trends in Cognitive Sciences, 25*(1), 67–80.

7 공감 당신이 잘 있으면 나도 잘 있습니다

Batson, C. D. (2011). Altruism in humans. New York, NY: Oxford University Press.

Batson, C. D., Ahmad, N., & Lishner, D. A. (2009). Empathy and Altruism. In: Snyder, C. R., & Lopez, S. J. (Eds.). Oxford Handbook of Positive Psychology (2nd ed., pp. 417–426). New York: Oxford University Press.

Blum, L. C. (1980). Compassion. In Rorty, AO. (Ed.) Explaining emotions. (pp. 507–517), Berkeley, CA: University of California Press.

Butler, E. A., Egloff, B., Wilhelm, F. H., Smith, N. C., Erickson, E. A., & Gross, J. J. (2003). The social consequences of expressive suppression. *Emotion, 3*(1), 48–67.

Cramer, D., & Jowett, S. (2010). Perceived empathy, accurate empathy and relationship satisfaction in heterosexual couples. *Journal of Social and Personal Relationships, 27*(3), 327–349.

Davis, M. H. (1983). Measuring individual differences in empathy: Evidence for a multidimensional approach. *Journal of Personality and Social Psychology, 44*(1), 113–126.

Decety, J., & Michalska, K. J. (2010). Neurodevelopmental changes in the circuits underlying empathy and sympathy from childhood to adulthood. *Developmental Science, 13*(6), 886–899.

Fonagy, P., Gergely, G., Jurist, E., & Target, M. (2002). Affect regulation, mentalization, and the development of the self.

Routledge.

Hartfield, E., Cacioppo, J. T., & Rapson, R. L. (1994). *Emotional contagion*. London, England: Cambridge University Press.

Howe, D. (2012). Empathy: What it is and why it matters. London: Palgrave Macmillan.

Izard, C., Fine, S., Schultz, D., Mostow, A., Ackerman, B., & Youngstrom, E. (2001). Emotion knowledge as a predictor of social behavior and academic competence in children at risk. *Psychological Science, 12*(1), 18-23.

Spinella, M. (2005). Prefrontal substrates of empathy: Psychometric evidence in a community sample. *Biological Psychology, 70*(1), 175-181.

8 가족 행복의 요새

Armsden, G. C., & Greenberg, M. T. (1987). The Inventory of Parent and Peer Attachment: Individual differences and their relationship to psychological well-being in adolescence. *Journal of Youth and Adolescence, 16*(5), 427-454

Kashdan, T. B., Blalock, D. V., Young, K. C., Machell, K. A., Monfort, S. S., McKnight, P. E., & Ferssizidis, P. (2018). Personality strengths in romantic relationships: Measuring perceptions of benefits and costs and their impact on personal and relational well-being. *Psychological Assessment, 30*(2), 241-258.

KI신서 10897

서울대 행복연구센터의 행복 리포트

대한민국 행복지도 2023

1판 1쇄 인쇄 2023년 4월 12일
1판 1쇄 발행 2023년 4월 26일

지은이 서울대학교 행복연구센터
펴낸이 김영곤 **펴낸곳** ㈜북이십일 21세기북스
콘텐츠개발본부 이사 정지은 **인문기획팀장** 양으녕 **인문기획팀** 이지연 정민기 서진교 **표지 디자인** ALL design group
마케팅영업본부장 민안기 **마케팅1팀** 배상현 한경화 김신우 강효원
영업팀 최명열 김다운 **e-커머스팀** 장철용 권채영 **제작팀** 이영민 권경민

출판등록 2000년 5월 6일 제406-2003-061호
주소 (10881) 경기도 파주시 회동길 201(문발동)
대표전화 031-955-2100 **팩스** 031-955-2151 **이메일** book21@book21.co.kr

ⓒ 서울대학교 행복연구센터, 2023
ISBN 978-89-509-4928-0 13320
ISSN 2800-0331